日本人の魂の香り

世界に誇るヤマト民族の叡智

田尻成美

ビジネス社

はじめに

日本人が当たり前にしている仕草《しぐさ》や習慣の中には、現代の科学の視点から見ても、驚くような深い叡智《えいち》や心身を活性化する仕組みが隠れている場合があります。

ベビーカーが主流になった最近ではあまり見かけませんが、昔は赤ん坊のおんぶが当たり前でした。母子一体感が一番必要な三歳前後までの時期におんぶをされた赤ちゃんは、情緒が安定して心身の発育も良いそうです。おんぶによって頭部が適度に揺らされることで、脳の発達も促《うなが》されるといいます。

また、昔は武家の子であれば幼いうちから『論語』の素読をさせられていました。いやいやする子どももいたと思いますが、幼い頃に我慢を経験させると大脳辺縁系《へんえんけい》にある帯状《たいじょう》回《かい》が活性化します。帯状回が活性化されるとどうなるかというと、怒りや不安などストレスの元となる感情を発する扁桃体《へんとうたい》がコントロールされ、やる気を起こして地に足の着いた生き方ができるようになるそうです。少し成長して『論語』の内容も次第に頭に入って来る年齢になると、人としていかに生きるかという「生き方の型」「考え方の型」が小脳に刻み込まれます。小脳は運動だけでなく、考え方や情動の型の形成にも関わっており、小さい時に良い生き方や正しい考え方の型を小脳に入れておけば、その後の人生でも腹が坐《すわ》ってぶれることのない生き方ができるのです。

昔の武士の腹が坐っていたのは、素読をはじめ、わがままを抑《おさ》える躾《しつけ》を通して帯状回・小脳を活性化する習慣が身に付いていたからではないでしょうか。

落語家など芸人の世界に目を転ずると、「封建的」と言われるあるしきたりがあります。「内弟子」という制度ですが、これも現代人の眼には、二年も三年もただ師匠の身の回りの世話をする非効率的なシステムに映ります。

はたして、本当にそうなのでしょうか？

内弟子の期間、弟子は左脳的な「教え」を学ぶのではなく、右脳を働かせて師匠の全体像を吸収しているのです。師匠の何気ない仕草、間の取り方、着物の着こなし、はては普段の細々《こまごま》した生活習慣の癖《くせ》まで、言葉ではけっして教えられない豊かな情報を肌で学び、

「芸のインフラ」を作らされているのです。内弟子時代の弟子は、左脳よりも右脳を、さらには大脳新皮質よりも大脳辺縁系の帯状回・視床下部《ししょう》、および小脳を鍛えさせられているというわけなのです。そう考えると、内弟子制度は何と合理的で総合的な弟子育成システムなのでしょう。

このように、理不尽だとか、不合理だ、あるいはダサいと思われていた日本の昔からの習慣が、最先端の脳科学の眼で見ると、意外にも優れた合理性と功利性に満ちていることが多くあります。

「自虐」が満ちている世の中で、それに気づくだけでも「日本も捨てたものじゃない、それどころか、凄《すご》い国じゃないか！」と思えるのではないでしょうか。

知れば知るほど日本は不思議な国です。伝統的な日常生活を送るだけで宇宙の真理や法則が「教えない教え」として身に付けられるように仕組まれている国なのです。このエッセイでは、日常の当たり前すぎる生活の一コマからほの見える、そんな「不思議の国・日本」の奥深い輝きをいくつかご紹介いたします。

とはいえ、肩ひじ張った論考ではないので気軽にお楽しみいただき、最後は私と一緒に「日本、最高！」と心の中で叫んでいただければ嬉しく思います。

令和五年十月

田尻成美

このエッセイは、メールマガジン「ヨコハマNOW」に、二〇一七年一月から二〇二二年三月まで掲載された連続エッセイ「しあわせの『コツ』」の抜粋に、加筆修正を加えました。

第三章 日本人が生み出した空間と所作

第四章 日本人だから感じられる「自然」の力

第五章 自と他――「敵」も味方に

第一章——親と子

日本人の心の拠《よ》り所

日本の秋から冬にかけては、イベントが目白押しです。

ケルトの祝祭であるハロウィーン*に始まり、キリスト教のクリスマス、仏教行事の除夜の鐘、神道の初詣、といくつもの宗教行事をはしごしています。

信心深い人や宗教に不寛容な人なら眉をしかめることでしょう。でも、私たち日本人の中では全然矛盾していないのです。もともと八《や》百《お》万《よろず》の神さまがいらした日本では、一柱や二柱の神さまが加わったところで、どうということはありません。

よく外国の方が「日本人は無宗教というが、それならどうしてあんなにモラルが高いのか」と疑問に思うそうです。本当ですね。何が日本人のモラルを高くしているのでしょう？　何が日本人の心の拠り所となっているのでしょうか？

昔、キリスト教の宣教師が日本にやってきた時のこと。

日本は「宣教師の墓」と呼ばれていました。宣教師が日本に来て民衆と接するうちに教義に疑問を持ち、キリスト教を捨てる人間が続出したからです。

信長にも謁見したことのあるイエズス会の宣教師フロイスも、神学論争では負けたことがない優秀な人物でした。そのフロイスをして「なんと、誰にも議論で負けたことがないのに、一介《いっかい》の農民に自分は『論』で負けた」と言わしめたのが、日本人です。

宣教師　「イエス様を信じなさい。
信ずる者は天国に行けるが、信じない者は地獄に落ちる」

農民　「イエス様を拝まないと地獄に落ちるだか？
イエス様を知らないで死んだおらの爺様や婆様も地獄に落ちるだか？
なら、おらも地獄に行く。
自分だけ助かるなんて、そんたら不孝なことはできねぇ」

これには、フロイスはじめ宣教師たちは答えることができませんでした。逆に、農民から先祖を敬う美徳を教えられたのです（日本の農民たちからは、そのほかにも「創造主が全能なら、なぜ悪を滅ぼせないのか？」「創造主を作ったのは誰か？」など、神学論争ともいえるような高度な質問を浴びせられたそうです）。

仏教本来の教えにも「先祖を敬う」という観点がありません。親を敬うという儒教の教えはありますが、儒教が庶民の間に広まるのは江戸時代に入ってからなので、宣教師たちが日本に来た頃の農民たちは儒教については無知だったのです。

自分は親から生まれ、親はまたその上の親から生まれた。脈々とつながる流れが一カ所でも途切《とぎ》れていたら、自分は生まれてこなかった。

だから親に感謝するのは当たり前。親孝行は子供のつとめ——これは仏教や儒教が伝わって来る前から、日本人が当たり前に昔から身に付けていた考え方です。

農民　「爺様、婆様がいたから、おらが生まれてこられたんだ。
　それなのにご先祖様は価値がなく、
　神様がおめえをこさえたんだと言われても、納得できねぇ」

日本人にはあまりにも自然なこの「先祖への敬愛」が、キリスト教を撥《は》ねつけたのでした。バチカンには「『先祖も救われる』と教義を変えて布教しても良いですか」という日本からの宣教師の書簡が残っているそうです。

宗教でもなく、道徳でもなく、生身の親子関係から紡ぎ出された先祖への敬愛という「縦の絆《きずな》」、それこそが日本人の心を支えている原点といえるのではないでしょうか。

＊ハロウィーンはケルトの暦で、「大晦日《おおみそか》」に当たります。この世とあの世の境が弱くなり、死者の魂が家族の元に帰ってきます。死者とともに悪霊もやって来るので、悪霊に見つからないように、仮装して人間だとばれないようにします。それが今日のハロウィーンの仮装の元になっています。

分かっているのに、分けられない

学生の頃の話です。

言語学の大家であった恩師曰《いわ》く、

「『親子』というのは英語に訳せないんですよ」

八カ国語を操り、古代ギリシャ語で寝言を言うほどの先生（本当です。証人あり）がそういうのです。

私　「え？　parent and child じゃないんですか？」

（何を言っているの？と、内心思いつつ）答える浅はかな私。

先生　「それは『親』と『子』でしょ。『親子』には『と』が入らないんだよ」

私　「？？？」

先生がおっしゃるには、一枚の紙でさえ表ができてから裏ができるのではなく、「紙」とはそもそも表と裏が一体となったもので、分けることはできない、親子もそれと同じだというのです。

そういう視点で見ると、確かに上下、左右、前後、陰陽、男女、夫婦、というのも「親子」と同じ関係にあることが分かります。

私たちは対になっている物を、紙の裏表のように「同じものの二つの側面」と考えますが、表「と」裏のように二つを分けて考える文化もあります。

西洋的な思考では分けて考えますね。それを頭の中で合成するのでしょう。心「と」身体、自分「と」他人のように、本来別々のものが「と」によって関係づけられると考えるのです。

先生　「西洋は物事を空間的に考えるからこうなるのです。
まあ、数学的というかな。『時間』が抜け落ちているんですね。
だから『アキレスと亀』のような詭弁《きべん》が生まれるのでしょう」

そう言われてみれば、日本人は時間の移ろいにとても敏感です。「諸行無常」とか、鴨《かもの》長明《ちょうめい》の「行く河の流れは絶えずして〜」とか、時の流れを受け入れ、いとおしむ感性があるように思います。

「時」に焦点を合わせて物事を見ると、いろいろなものが同時に生成していることが分かります。日本人には生成する事象を分析せずにダイナミックに捉える感覚が備わっているのかもしれません。だから「親子」のような分かち難い存在を、丸ごと表現する言葉が生まれたのでしょう。

最近面白いことが分かってきました。Nature Neuroscience誌（二〇一六年十二月十九日発行）に、バルセロナ自治大学のオスカー・ヴィリャローヤ率いる研究チームによる、妊娠した女性の脳の構造についての臨床研究論文が掲載されていました。

それによると、女性は「妊娠と同時に」赤ちゃんに共感できるように脳がカスタマイズされるというのです。

具体的には、前頭皮質中央と後部皮質の灰白質、それに前頭前皮質・側頭皮質の一部が減少します。これは脳が萎縮したのではなく、産後に女性が赤ちゃんに反応する脳領域が拡大され、その分不要なシナプスが「剪定《せんてい》」されたということで、ＭＲＩではっきりと確認できるほど顕著な変化だそうです。

妊娠と同時に始まる女性の脳の変化。親がいて子ができるのではなく、親は子と同時発生しているのです。

日本人が分かちがたいものと認識している「親子」という存在は、脳レベルでもひとつながりの現象として表れていることが分かります。

興味深いことに、「親子」のような関係の存在に「対生成《ついせいせい》」とか「共依存」という概念で、西洋の学問がアプローチし始めたのは、なんと二十世紀に入ってからでした。日本との認識のギャップを感じないではいられません。
下図は久隅守景《くすみもりかげ》の有名な屏風絵「夕顔棚納涼図《ゆうがおだなのうりょうず》」です。

父　「あ〜、今日も暑かったなぁ」

母　「そうだったねぇ、お前さん。
でも、夕方になったらいい風が吹いてきたこと」

子　「ちゃん、腹減ったよぉ〜」

そんな親子の会話が聞こえてくるようではありませんか。
これを「国宝」に指定する感性は、さすが日本！

写真提供・東京国立博物館

ポスト「褒《ほ》め育《いく》」の切り札

早いもので、「褒《ほ》めて育てる」教育が奨励されてから二十五年を超えるそうです（二〇一八年当時）。一九九〇年代に学校教育の現場でも、それまでの知識偏重教育から、授業中の態度や関心の度合いによって成績を決めるようになりました。

それまではテストで一〇〇点を取れば5段階評価で5になりますが、「褒め育」では授業中に頻繁に質問した子が5になります。「よく頑張ったね！」というわけです。

メディアや書籍でもさかんに「褒める育児」が奨励されたので、学校だけでなく、家庭でも「褒め育」が広がったのではないでしょうか。

で、その結果はどうなったのでしょう？

『ほめると子どもはダメになる』（新潮新書）の著者、ＭＰ人間科学研究所所長の榎本博明《えのもとひろあき》さんはこう言っています。

「褒めまくられて育てられると、褒められるのが当たり前になる。逆に褒められないとやる気がなくなってしまう」

「褒めてくれないと自分たちはめげる世代だという若者も多い。学生時代はそれで通るかもしれないが、上司は褒めてくれないからモチベーションが上がらない、命令してくるからむかつく、さらには人間として対等なのだから、人にものを頼むなら上司はお願いすべきだとさえ、言い出すようだ」

恐ろしいですね。褒められるのが当たり前になると、社会人になってからも上司から褒められることを求めるばかりか、「(部下である)自分にモノを頼むなら、上司は『～してください』とお願いしろ」というのですから。

「褒め育」の弊害が出ている半面、「児童虐待《ぎゃくたい》」も増えています。

なぜでしょう？

それは、「褒める」と「叱《しか》る」が実は同じ行為の裏表だからです。片方が増えればもう一方も増えるのは当然のことなのです。

「褒める」も「叱る」も、どちらも相手に対する上下関係を前提とし、保護者側の価値観で行っています。

褒める基準も、叱る基準も、すべて保護者側にあります。理不尽なことで叱られる時もあれば、親の機嫌が良いというだけで、大したことでもないのに褒められる時もあります。

「褒める」と「叱る」には必ずしも客観的な基準はありません。

誰にも分かる基準で褒められたり、叱られるのであれば、そういう体験を経て子供は成長していくでしょうが、親の主観的な価値基準でされるのであれば、親の機嫌をうかがったり、目をかすめることを学ぶのではないでしょうか？

「褒める」と「叱る」は、「主観的な価値基準による他者の評価」という点において、ポジとネガの関係にあるのです。だから「褒める」（ポジ）＝「叱る」（ネガ）という構造になります。

いったんこの構造に入ってしまうと、「何で」褒められ、叱られたかという部分は抜け落ちて、「褒められることをする」「叱られないようにする」ということが、自己目的になります。
すると、常に保護者の基準に合わせようと行動するばかりで、自立性が育ちにくくなります。自立性がないから、意欲的に物事に取り組まなくなります。もうこの弊害は社会的に知れ渡っていますね。

どうしたら子供の自立性を育てることができるのでしょう？　それは、親が子に「感謝」の気持ちを見せることです。子供の行為に「ありがとう」を言うことです。

たとえば、おもちゃを片づけた時、「よくできたわね、えらい！」と褒めれば、子供は嬉しくなって翌日も片づけるかもしれません。

では、同じ場面で「きれいに片づけてくれたね、ありがとう」と感謝を伝えたら、子供はどう感じるでしょうか？

褒められた嬉しさに加え、親が喜ぶことをした、親の役に立った、という感情が芽生《めば》えるでしょう。

それは褒められた時とは違う嬉しさです。「感謝をされる」＝「自分のしたことを相手が喜ぶ」ですので、自分の行為を誇らしく思うようになるのです。そこから「自己重要感」が生まれ、自分に自信が持てるようになります。

重要なことは、「感謝する」行為は相手に対等に向き合っているということです。「褒める」＝「叱る」構造は、上下関係がベースですが、「感謝」を伝える行為は対等な関係がベースになっています。

だから人は、本当は褒められるより感謝されるほうが好きです。感謝されると、自分が相手の役に立ったことが分かるので、自分に誇りを持てるようになるのです。

子供が反抗期から思春期に差し掛かる時、この「対等関係」の構築はとても重要です。対等、といっても親が子供のレベルまで降りるのではなく、子供を大人に格上げして接するのです。

しかしながら、この関係の構築は、親にとって子育ての中で出会う「難関」の一つと言っても過言ではありません。

なぜならそこでは親の意識の切り替えが求められており、親として一段ステップアップできるかどうかが問われているからです。

この時期を順調に乗り越えられないと、思春期の息子から「くそばばぁ！」などと言われてしまうのです。

それは子供の精神的成長に、親が付いてこられなかったことに対する子供の魂の怒りと言っていいでしょう。

これについては興味深い実例があるので、ご紹介します。

以前、行きつけの歯医者が女医さんで、彼女には小学六年生の息子さんがいました。診察に行くたびに、「反抗期で言うことを聞かない」「今日も全然口をきいてくれない」と、治療そっちのけで愚痴《ぐち》のオンパレードでした。

ある時、私は「もしかして息子さんに対して、まだ自分のことを『ママ』って呼んでいませんか？　今晩から『ママ』はやめて、『私』という一人称で話しかけてみたらどうですか？　きっと変わりますよ」と話しました。

「そんなことで息子が変わるんですか？」と、女医さんは半信半疑でしたが、とにかく実行する約束をしてくれました。

一週間後、受診に行くと、女医さんは満面の笑みで私を迎えてくれたのです。

「大成功！　息子がくるっと変わったんですよ!!」

女医さんの話は、こういうことでした。

その晩、息子と二人で黙ってテレビを観ていました。女医さんは「私はこっちの番組が観たいな」とか、3回ほどあえて「私」を使ったそうです。

なぜか「ママ」の代わりに「私」と言うのに、とても勇気が要《い》ったとか。でも、とにかく言ってみたそうです。その時は、息子さんの態度に何の変化もありませんでした。

番組も終わり、息子さんが自分の部屋に戻り際、彼女のほうを振り向いてこう言ったのです。

「ママ、さっき僕を初めて一人前に扱ってくれたね。嬉しかったよ」

そう言って、（照れくさいのか）そそくさと自室に入っていきました。一人居間に残された彼女は、涙が止まらなかったそうです。

それからは、息子さんは気になる女の子の話や、クラスで流行《はや》っているゲームの話など、夕食後に母親に話してくれるようになったそうです。「日曜日はその女の子としながわ水族館に行くんですって！」と、女医さんは嬉しそうに話してくれました。

この、「ママ」から「私」への一人称の変化は、単純なようですが、親子関係の本質的な変化を意味するとても意味深い行為なのです。

それは、子供を自分と同じ目線に引き上げ、親子一体の関係の上に、個人対個人の対等関係を重層化させる行為です。

一人称を変えたことで、女医さんは自分も「母親」という立場の他に、友人のような関係の芽生えを感じ、息子さんとの話の輪が広がったと言っていました。

親が子に対して対等に接することで、子供は自分に自信がつき、親も変なメンツにこだわらなくてすみます。

女医さんの場合、以前は子供に何か聞かれて答えられないことがあると、何となくバツが悪い感じがしたそうですが、最近は「あ〜、それ私も分からないから、あんたが調べて分かったら私に教えて」と、気楽に言えるようになったそうです。

「褒める子育て」から「感謝を伝える子育て」へ。

それは子供を一人前として扱うことに他なりません。親のレベルに引き上げる形で対等に大人扱いしてあげると、子供は喜んでそれに合わせて成長していきます。

お子さんをお持ちの方は、今日から子供にもきちんと「ありがとう」を言いませんか？

あっ、それから一人称の「ママ」からは卒業しましょう。きっとお互いの中で何かが変わりますよ。

親が子に願うこと

わが家の子供たちが小さい頃の話です。

一人の子供が私の財布から50円玉を盗んだことがありました。

「どうして盗《と》ったの？　お小遣いがあるでしょ？」

「ガチャガチャをやりたかったけど、あれは100円で、50円しか持っていなかったから……」

「なら明日まで待てばよかったじゃない。明日50円もらえるでしょ」

「……」

「もしどうしても欲しいなら、『ガチャガチャやりたいから明日の分を先にちょうだい！』とか、言ってくれればよかったじゃないの！」

などなど、私が難詰しているうち、突然子供が切れました。

「あのさぁ、なんで50円くらいでこんなに叱られなくちゃいけないの?」

50円くらい!

その言葉を聞いたとたん、今度は私のほうが切れました。怒濤《どとう》のような勢いで子供にまくしたてたのを覚えています。


私は、子供に何を言いたかったのでしょう?

わが子に怒りをもってでも伝えたかったこと、それは「卑《いや》しい心を持つな!」ということです。

私の考えでは、50円でも50万円でも「盗みは盗み」です。それを、50円なら大目に見て大金だと叱る、という態度を親が取ると、子供は「盗みは悪いことだ」という意識を持つ代わりに、「いくらまでなら叱られないか」というすれすれの線を探る意識を持つようになります。

そうすると一事が万事、「規則の盲点をすり抜ける」ほうに意識が向いて、うまくすり抜けた時は「悪いこと」ではなく、「成功体験」にすらなってしまうのです。

こんな人間になってほしくない！　仮に悪いことをした時でも「悪いことをしました。ごめんなさい」と素直に謝れる人間であってほしいと願っています。

長い人生のうちでは、心ならずも、あるいは知らずに、道を踏《ふ》み外《はず》してしまうこともあるかもしれません。犯した事実は変えられませんが、自分のしたことを認め、受け入れ、それを心からお詫《わ》びできると、したことの幾分《いくぶん》かは上書き修正されるように思います。

何よりも、自分の間違いを素直に認めて謝る姿勢はとても美しく、時には崇高でさえあります。

本人にしてみれば、悪事がばれただけでもみっともないのに、さらにそれを認めてお詫びなんて、恥の上塗りみたいでやってられない、と思うかもしれません。でも、実はそうではないのです。

「謝る」というのは、とても勇気のいることです。謝ることができる人は本当に強い人です。その「強さ」は、自分の中に確たる芯《しん》がないと出てきません。

では、子供を「強い人」に育てるにはどうしたらよいのでしょう？

私の経験では、子供の意識に「確たる芯」ができるかどうかは、幼少期に親がどれほど子供を受け入れたかどうかで決まるような気がします。

親も忙しいですし、いつも精神状態が良いわけではありません。

でも、子供と一緒に成長するつもりで、できる限り子供を受け入れる努力は必要だと思います。

私は、わが子と接する時、いつも二つの「時間のものさし」を心の中に持って、それを使い分けていました。

たとえば、夕食の支度で忙しい時に、深刻な表情を浮かべた子供が「おかあさん、今日、学校でね……」と言ってきたとします。

その時、皆さんはどう対応しますか?

そういう時、「短い時間のものさし」を使うと、こうなります。

「あ、今ほうれん草をゆでているからあと10分待って」と、短い時間の行動を優先します。この場合、「10分待たせる」という約束を必ず親が守ることが大事です。子供はちゃんと待ってくれます。10分後に、おもむろに子供の話を聞いてあげればよいのです。

「長いものさし」を使う場合は、こうです。

子供の表情からして、深刻で微妙な話で長くかかりそうな場合。「あとで」というと、子供はタイミングを失って言わなくなる場合があります。放っておくと「あの時、ちゃんと聞いてあげればよかった」という事態になる可能性だってあります。

そういう時は、ガスを止めてじっくり子供の話を聴きます。そのために20、30分食事が遅くなっても、私が他の家族に「ごめんね」と謝ればいいだけのことです。

子供は、親がちゃんと自分に向き合ってくれたことに、大変な充足感を覚えます。「親はきちんと自分に向き合ってくれている」――こうした体験の積み重ねが、子供の心の中にゆるぎない「芯」を形成していくのです。

そして、自分が丸ごと受け入れられているという絶対の安心感が生まれ、自己重要感が高まり、素直な自己表現ができる子になっていきます。それは、悪いことをした時に、素直に謝れる強さの元になるものといえましょう。

悪いことをしたときに素直に謝れる強さ。

それは、法の目をかいくぐってうまい汁を吸おうとする卑《いや》しい心の対極にあります。

私は、わが子にはそうした素直で、強い心を持ってほしい、と願ってやみませんでした。

親はいつまでも子供とともにいるわけにはいきません。私がいなくなった後も、「素直な心」を持っていれば、物事に感謝する気持ちを失わないでしょうし、「強い心」があれば、身に降りかかる困難にも立ち向かっていけるでしょう。

でも、その元を作るのは、私の「親としての子供に対する向かい方」に他ならないのです。別人格だけど、「一対」という対生成構造にある親子関係。その不思議さに改めて感じ入ります。

第二章

世界に誇る、日本の美意識

母音と「父韻《ふいん》」

母音はともかく、「父韻《ふいん》」という言葉は初めて耳にする方も多いのではないでしょうか。

日本語の言霊学《ことだまがく》では、母音は「あ、い、う、え、お」ですが、英語の子音に当たる「T、K、M、H、R、N、Y、S、G、Z、D、B、P、W」を「父韻」と言います。そして母音と父韻の組み合わせで子音が生まれると考えるのです。

父韻　＋　母音　＝子音　（例：T＋a＝Ta）

宇宙では、陰陽《いんよう》、雌雄《しゆう》、＋－という対極の組み合わせで万物が生まれます。

言葉も同じだと大昔の日本人は考えたのでした。お父さんとお母さんがいて子供が生まれるように、父韻という音になる前の「響き」と、母音という「音」が一つになって耳に聴こえる「言葉」（＝子音）になるというのです。

ですから、日本語の子音は一音であっても一つの言葉であり、たくさんの意味を持っています。たとえば、Kiという音には、気、記、貴、貴、来、樹、機……と、いくつも意味があります。

小学校の教室の壁に貼られていた「五十音図」を思い出してください。

あのピシーッと幾何学的に並んだ音の一覧表は、よく考えてみれば凄《すご》いことなのです。

宇宙万物が陰陽の組み合わせでできているなら、父韻と母音の規則的な組み合わせである五十音図は、宇宙の仕組みを

わ	ら	や	ま	は	な	た	さ	か	あ
ゐ	り	い	み	ひ	に	ち	し	き	い
う	る	ゆ	む	ふ	ぬ	つ	す	く	う
ゑ	れ	え	め	へ	ね	て	せ	け	え
を	ろ	よ	も	ほ	の	と	そ	こ	お
ん									

今や絶滅危惧種の「五十音図」

簡潔に可視化したものと言えるでしょう。

五十音図は、まさに宇宙のひな型なのです。言霊学者によっては、この五十音をお経のように声を出して毎日何度も唱えると、雑念が払われ、身体の細胞が整い、心身が健康になる、という人さえいます。

今から一万二千年以上前、日本には「カタカムナ文明」と呼ばれる精神的に大変豊かな文明がありました。この時代は今までのイメージと違い、吉野ケ里《よしのがり》や三内丸山《さんないまるやま》遺跡などを見ると、高層住宅や計画的な食糧栽培など、高度な生活文化が発達していた形跡があります。

一九四九年に物理学者楢崎皐月《ならさきこうげつ》が六甲《ろっこう》山系金鳥山《きんちょうざん》で見出した「カタカムナ文献」では、当時の日本人の宇宙観・テクノロジーが記されています。当時の人々は、極大の宇宙から極微の世界まで、すべては「ヒトツカタ」(=一つのパターン)だと看破していました。

今の私たちは「そんなの当たり前じゃないか」と思いますが、世界を見渡すと、そうでもないのです。

ガリレオが一六一〇年にラテン語で出版した『星界の報告』という書でも、「月から下の世界は凸凹があったり、不完全だが、それより上の世界は完璧である」と述べています。

ガリレオは望遠鏡による観察から、月から下の世界とそれより上の世界では秩序が違うと結論づけました。つまり、宇宙には二つの秩序があるというのです。

一方、「カタカムナ」の宇宙観は違います。ミクロからマクロまで宇宙を貫く秩序はひとつ。万物は「ヒトツカタ」の構造を共有し、ただその顕《あらわ》れ方が違うというのです。

そう考えるカタカムナ人にとって、言葉も宇宙の秩序を表しており、陰陽の組み合わせという「ヒトツカタ」でできていると考えるのは何の不思議もありません。

ヒフミヨイ
マワリテメクル
ムナヤコト
アフノスヘシレ
カタチサキ

これは「カタカムナ文献」を構成する八〇首のウタヒの一つです。

初めてこのウタヒを目にしたとき、詳しい意味は分からないまでも、私は感動してしまいました。なぜかというと、一万年以上前の言葉を、意味のある日本語として認識し、読むことができるからです。


先進国の中で、いったいどこの国に一万年以上前の言葉が「そのまま」残っている国があるでしょうか。古代ギリシャ語やラテン語はたかだか二、三千年前の言葉ですし、中国では文化大革命によって、わずか五、六十年前の書物すら読めない人が増えています。

それなのに、一万二千年前の「カタカムナ」を私たちは「日本語」として理解できるのです！　これは、私が使っているこの言葉が、一万年以上も途切れることなく、今日まで連綿と繋《つな》がってきた、ということに他なりません。

奇跡のような言葉、日本語は、まさにそう呼ぶにふさわしい言葉だと思います。

また、日本語が母音優勢であるため、日本人は母音を子音と同時に言語脳である左脳で聞き取ります。このことが英語など他言語脳と大きく違った感性を日本人に育《はぐく》ませてきました。

『日本人の脳』などの著書で有名な医学者角田忠信《つのだただのぶ》さんが、海外の学会に行った時の話です。

時期は夏で、外は蟬《せみ》が鳴いていました。「蟬しぐれ」という言葉がふさわしいほどうるさく鳴く蟬の声に「蟬が鳴いていますね」と言ったところ、居合わせた外国の人々は一様に怪訝《けげん》な顔をしました。誰一人として蟬しぐれが聞こえていないのです。「何の音もしない」というではありませんか。

驚いた角田さんは、現地の若い助手二人に訊いてみたところ、やはり何も聞こえていないと言います。

それでも三日目くらいには木々を指さして説明すると、助手の一人はやっと何となく聞こえるかもしれない、と言いましたが、もう一人は相変わらず何も聞こえないと言うのです。

こうした体験が、角田氏が日本人の脳の特殊性を研究することにつながったのでした。

父韻（英語などでいう「子音」）優勢の日本語以外の言語は、父韻を左脳で、母音を楽器などと同じ右脳で聞きます。

　ところが、日本人は母音も言語として左脳で聞くのです。虫の音や自然音も母音に近いので左脳で聞きます。

　だから、鈴虫は「チンチロリン」と鳴き、川はさらさらと流れる、というように、日本人は自然音を「言語化」できるのです。日本語にオノマトペーが多いのはこの「自然音を言語脳である左脳で聞く」働きによるものです。

　お父さんとお母さんがいて子供が生まれる。この単純明快な宇宙的仕組みを言語にも見て取った日本人の感性を、これからも大切にしていきたいものです。

『日本人の脳』角田忠信　著
「右脳」と「左脳」の違いを啓蒙した画期的な書

引いてこそ

うっとうしい梅雨《つゆ》が終わる頃、夏の訪れを告げるかのように朝顔が咲き始めます。朝顔市もあちこちで開かれ、鉢を買い求める人の群れは、このはかない花に夏の到来を託《たく》して喜んでいるかのようです。私は朝顔を見ると、千利休《せんのりきゅう》と秀吉《ひでよし》の有名なエピソードを思い出します。

利休の屋敷に美しい朝顔が咲いているという噂を聞いた秀吉が、ぜひ見たいと利休に申し入れしました。早速家来たちが下検分に行くと、噂通り色とりどりの朝顔が庭一面に咲き乱れていました。秀吉は大喜びで朝早く利休の屋敷に出向きます。

ところが秀吉が行ってみると、どうしたことか、庭には一輪の朝顔もありません。いぶかしく思いながらも、秀吉は利休の案内するままに茶室に入ります。

するとどうでしょう、真っ赤な朝顔が一輪だけ床の間に活《い》けられているではありませんか。「これぞ朝顔！」とでも言いたくなるほど大きく、色鮮やかな、たった一輪の朝顔。じーっと見つめていた秀吉は「利休、見事じゃ！」と利休を褒《ほ》めた、といいます。

利休は、あれほどたくさん咲いていた朝顔の中から、最も美しい花を一輪だけ茶室に活け、他の朝顔は全部切り取ってしまったのでした。

この逸話は、日本人の美意識の根底にあるものを垣間《かいま》見せてくれます。

それは、「過剰なものをはぎ取ることで本質を浮かび上がらせる」という考え方です。「引く」という言葉は見事にその考え方を表しています。

日本人は「引く」という行為に美学を感じるようです。

「引き際」の美しさを讃《たた》え、華美な装飾をはぎ取った（＝引いた）茶室のような簡素な空間を愛し、自分はわき役となって相手を立てる（＝「引き」立てる）のです。

二〇一六年九月、サウジアラビアの国王一行が日本を訪れました。その折、陛下と当時の副皇太子ムハンマド・ビン・サルマーン・アール＝サウード王子との面会が皇居で行われ、宮内庁がその写真を公開しました。その時の写真が世界で話題となったのです。

高い天井の中央に簡素な和風の照明がある部屋――その広い部屋の真ん中では質素な椅子に陛下と副皇太子が向かい合って坐り、陛下の左には通訳が控えています。お二人の間には花が活《い》けられた花瓶のあるテーブルのみ。背後の障子《しょうじ》から差し込む柔らかな光が、無地のカーペットの一部を明るく照らしています。

この「引き」の美意識がビジュアル化したようなシンプルで気品漂う御所のたたずまいに世界中から賞賛の声が上がったのです。

だから日本が好きなんだよ。

他に誰もこれほど上品にしようとしないだろう。

美しい部屋だ。

高い天井に、拡散した照明。

あのカーペットで響きもいいに違いない。

などなど。

あるサイトでは、アメリカのケリー国務長官と会見するサウジアラビア国王の、装飾物であふれかえった部屋の写真と比較して、その違いに驚きのコメントが寄せられていました。

どちらがいいかは好みによりますが、私たち日本人は、皇居の何もない簡素な部屋のほうに、落ち着きと品格を感じるのではないでしょうか。

紅花《べにばな》から作られる紅は、かつては金と同じ目方で取引されるほど珍重されていました。それは色の美しさだけではなく、紅が取れるまでの工程が「引く」を愛《め》でる日本人の感性にぴったりだったからではないかと思います。

紅花に含まれる色素の99%は、黄色です。紅の原料となる赤い色素はわずか1%しかありません。この貴重な色素を抽出する技術は大変難しく、気の遠くなるような何十もの工程を経てようやく手に入るものなのです。金と等価交換されたのも頷《うなず》けます。

そうして抽出された赤はきわめて純度が高いため、光を吸収して緑がかった玉虫色になります。江戸時代から続く小町紅の老舗《しにせ》、伊勢半《いせはん》本店では「黄金色の紅花が玉虫色に代わる神秘」と言っていますが、まさにその通りなのです。

ところが、この玉虫色の紅を少し濡《ぬ》らした筆で唇に塗ると、それは艶《あで》やかな赤になります。深みのある、玉虫色に光るその色は、塗った人の唇の色に反応してそれぞれの赤になります。薄く塗れば淡い桜色に、濃く塗れば底光りするような深みのある紅色になるのです。

1グラムの紅を採《と》るためには何トンもの水が必要です。黄色い色素を洗いに洗って洗い抜き、その果てにやっと小指の先ほどの紅が採れる——。この究極の引き算の工程に私たちは魅《み》せ

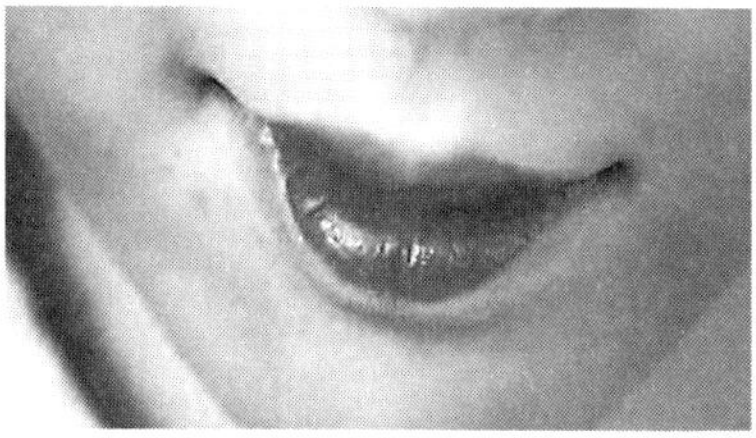

紅花から抽出した紅は、赤いだけでなく、玉虫色に光る。

玉虫色の紅

られてやみません。

一番大切なものは目に見えるものの奥に、ひっそりとつつましく鎮まっている――暗黙の裡《うち》に私たちはそんなふうに感じてはいないでしょうか？　だからこそ、「引く」という行為は真理に近づくことであり、奥ゆかしい、美しい所作とみなされていたのだと思います。

そう考えると、最近流行の「断捨離」や「片づけ」も日本人の深層意識と関係があると言えるでしょう。

部屋を綺麗《きれい》にしたら、自分のやりたいことが見えてきた、運が良くなった、などと言われるのは、やはり余分なものを引いた後に、本当の何かが顕《あらわ》れてくるからかもしれません。

「ものづくり」が作る「もの」

自治体であれ、民間であれ、世に「ものづくり○○」という組織や企画がごまんとあります。面白いことに、どれも「ものづくり」あるいは「モノづくり」と表記されており、「物づくり」ではないのです。何だか「もの」に込められた思いが垣間見える気がしませんか。

創作に込めた、作り手の思い、いつかこれを使うであろう人への思い、また素材自体から立ち昇るエネルギー、「作られたもの」の造形が発するパワー、そうしたものの総和が、「もの」を「物」という漢字に収束されることをためらう意識を生んだのではないでしょうか?

こんな素材を、こんなふうに形にしました——そんな作り手の思いが立ち昇ってくるような作品。それが「物」ならぬ「もの」なのでしょう。

ですから、日本人の作った「物」は工業製品でも細部まで神経が行き届き、最先端の技術で製造された製品ほど、コンピューターも及ばない超絶的な職人技が生きています。

たとえば新幹線のあの流線形の車体ですが、つねに最新技術が投入されるため新型ほど形状が複雑化しています。けれども、それを作るのは精密機械ではありません。職人がハンマーで図面通りに根気よく叩き出す昔ながらの「板金技術」なのです。

さらに表面の微妙なカーブの最終チェックはナノレベルの凹凸を測定できるコンピューターではなく、「神の手」と呼ばれるベテラン技術者の「指」でなされるのです。

その技術者は手袋をはめた指に全神経を集中させ、コンピューターでも測定できないほどの微細な歪《ゆが》みを感知します。新幹線の形状の「カッコよさ」「美しさ」は、こうしたほとんど神業《かみわざ》的ともいえる無名の職人技

ハンマーで叩き、新幹線車体先頭部分の美しい流線形を作り出す作業

に支えられているのです。

工業製品でさえ、まるで「工芸品」か「芸術品」になってしまう日本の「ものづくり」。その淵源《えんげん》はいったいどこにあるのでしょう？

大雑把にたどれば、それは縄文的なモノづくりの伝統と、弥生的な職人文化の融合と言えるのではないでしょうか。

縄文時代にはいわゆる「職人」がいませんでした。「モノづくり」は――火焔《かえん》土器のような芸術性溢《あふ》れた道具さえ――すべて平民、つまりごく普通の人々が行っていたのです。驚くことに、製鉄のたたらも平民が行っていたそうです。

「百姓」という言葉がありますが、「百姓＝農民」ではありません。それは「百の姓《かばね》」すなわち百の職業を持つ者という意味なのです。

昔の農民は農作業以外にも土木技術、建築技術にも長《た》け、農具も自分で作り、衣服も布から糸まで自分たちで作りました。また空の変化から気象を読み取り、植物の習性を知って栽培したり、改良したりしてきました。一人の百姓が多くの職能を持っていたのです。

調べてみると、年貢も米ばかりではありませんでした。美濃《みの》、尾張《おわり》以東の東国では米年貢はむしろ例外的と言ってよく、ほとんどが絹、綿などの布や糸で納められていました。但馬《たじま》は紙、出雲《いずも》は筵《むしろ》、周防《すおう》は材木、陸奥《むつ》は金・馬など、その地域の特産物を納めていた記録が残っています。それだけ多様なものが作られていたのです。

この事実は、日本には古来から「モノづくり」の土壌が豊かに育っていたことを物語っています。

かたや、弥生的な職人文化は、渡来人が連れてきた専門的な技術者集団から始まりました。彼らは寺社建築、神具、あるいは武具、工芸品などを大陸から持ち込んだ先進技術で製作しました。その職能は一族が独占し、重要な部分は「秘伝」として子孫に受け継がせていました。彼らは年貢や役務を免除され、時の支配層に仕えていたのです。

東国の平民たちによる縄文的な「モノづくり」と、西国から支配層に仕えた人たちによる「弥生的な職人技術」。言い換えれば独創的（時として芸術的）な手仕事文化と、プロフェッショナルな職人文化――この二つの文化がやがて人的、技術的交流を経て、日本独自の「ものづくり」文化へと融合発展していったのです。

これは庶民の生活の中に高度な職人技術が広がっていったことを意味します。そのお陰で、中世になると、食器などの日用品をそこそこの品質で大量に安価に作ることも可能になりました。

この写真をごらんください。

上は平安京跡から出土した古代貴族の食器。下は中世の庶民が使っていた食器です。

高度な職人技術の拡散で、中世の庶民でも古代の貴族以上の品質の食器を使っていたことが分かります。

さらに新技術の吸収と高度化も起こり、真鍮《しんちゅう》技術やガラス細工、鍵を作る技術など、外国からもた

上／平安京跡出土の食器。下／中世の庶民の食器

らされた技術を迅速に吸収しては改良し、どんどん素晴らしいものを作ることができるようになりました。

　こうしてみると、現代日本の「ものづくり」に必要な要素は、中世までに出来上がっていたことが分かります。

「物づくり」ではなく、「ものづくり」という表記を現代の日本人が好むのは、「モノ」をマテリアルな単なる「物質」としてのみ見るのではなく、さまざまな思いが詰まった「もの」として見ようとする意識が働くからではないでしょうか。

　そこには、「物」の背後に蓄積された思いを汲み取ろうとする意識が感じられます。

　そして、そのように丁寧に作られた「も

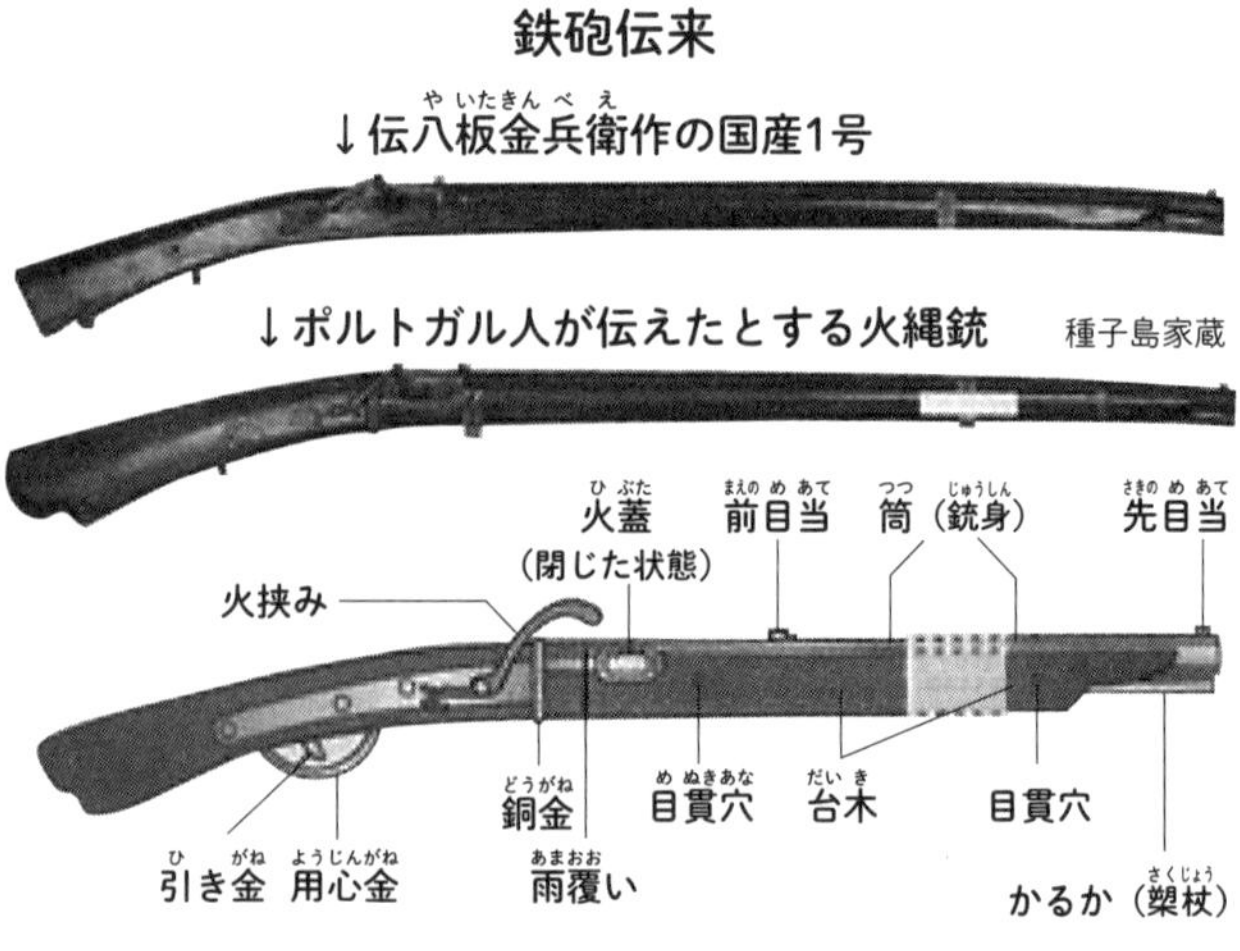

ポルトガル人が伝えた鉄砲と1年後にできた国産1号の鉄砲

の」には、魂《たましい》が宿ると考えるのです。だから、日本人はものを「いきもの」のように扱い、名前を付けたり、「この子」と呼んだりするのです。

最近のマーケティングで、「商品を売るな、ストーリーを売れ！」と盛んに言われます。ストーリーのある商品が好まれるのも、最先端の工業製品にさえ手仕事的なぬくもりを求めてしまう私たちの性《さが》かもしれません。

宇宙にひそむ「比率」と「かたち」

ミロのヴィーナスやモナ・リザを見て、人はなぜ美しいと感じるのでしょうか？

また、何千年経っても崩れることのない堅牢《けんろう》なピラミッドの構造は、何に由来しているのでしょうか？

これらに共通していること、それは「黄金比」という比率が用いられている、ということです。

黄金比とは、1：1・1618……の比率のことで、古代ギリシャのエウドクソス（紀元前四〇八年頃～紀元前三五五年頃）が発見し、その後古代ギリシャの彫刻家、ペイディアス（紀元前四九〇年頃～紀元前四三〇年頃）が初めてパルテノン神殿建設

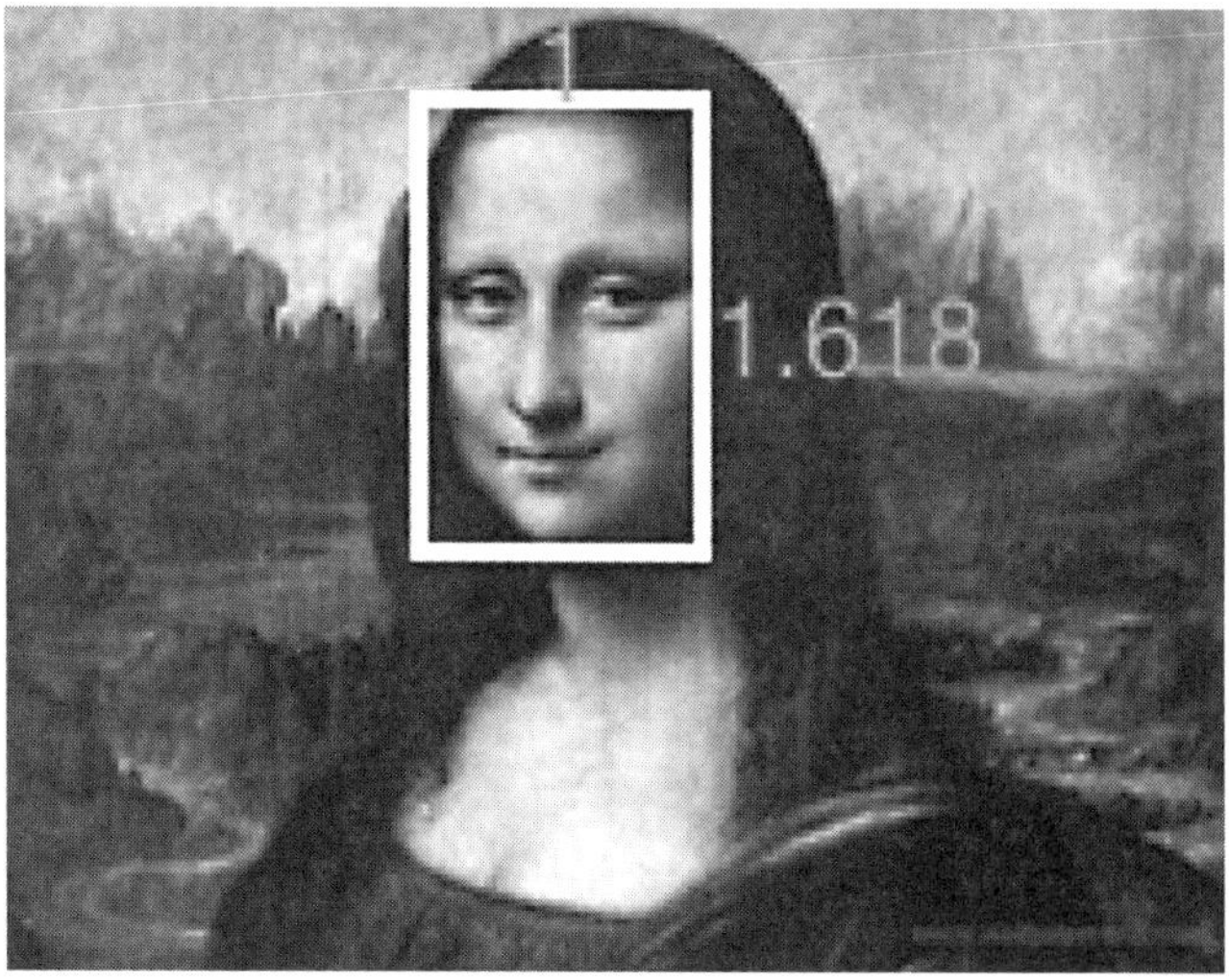

黄金比で描かれたモナ・リザの顔
生え際から顎先までの寸法と顔の横幅の寸法が見事に黄金比を形成しています。

時に使ったといわれています。

一八〇〇年代に入ると人類が最も美しく感じる比率として広く知れわたり、「黄金比」と呼ばれるようになりました。ピラミッド、サグラダファミリア、パルテノン神殿、ミロのヴィーナス、モナ・リザ、またレンブラントやセザンヌ、ピカソ、ダリ等、有名な建築や芸術家の作品はほとんど黄金比で作られている、と言っても過言ではありません。

ご存じのアップルのロゴにも黄金比が用いられています。

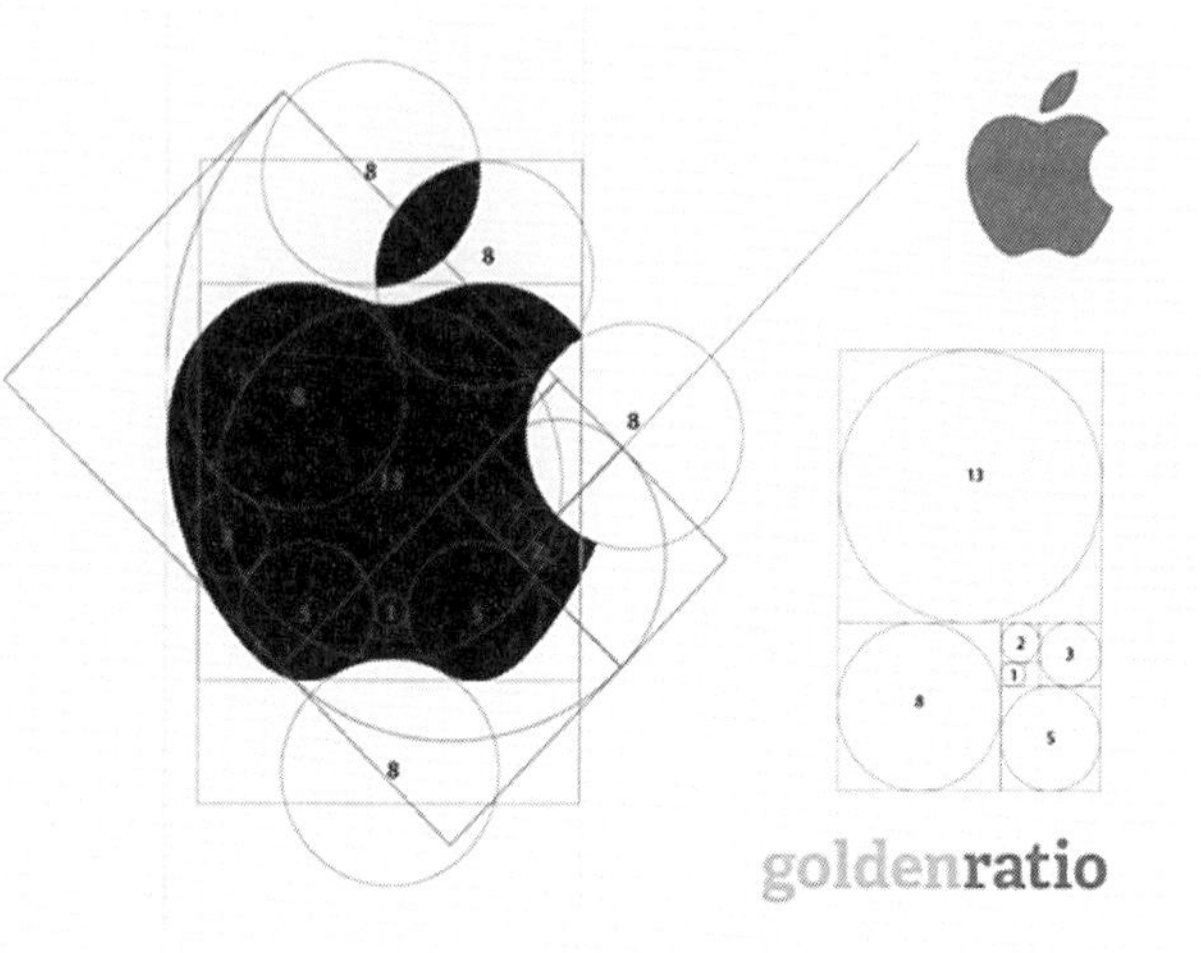

アップル製品が世界中に広がったのも、製品自体の性能やデザインだけでなく、誰もが美しいと感ずる黄金比でデザインされたロゴも一役買っているのかもしれません。

では、黄金比が自然界に存在する唯一の美しい比率なのかというと、そういうわけでもありません。

日本では昔から別の比率が使われてきました。法隆寺や延暦寺、金閣寺などの寺社建築は、「白銀比」と言われる比率1：1・414（1：$\sqrt{2}$）が使われているのです。

昔の大工さんが使っていた曲尺《かねじゃく》は、まさにその白銀比のための物差しでした。「差し金」とも言います。表と裏に目盛りがあり、表は

1：1の比率で刻まれ、裏は1：$\sqrt{2}$の比率で刻んであります。白銀比が当たり前に使われていたことが分かります。

建築だけではありません。風呂敷、日の丸の国旗、折り紙（正方形の一辺と対角線比）、現代では紙のサイズのA4、B5も白銀比です。

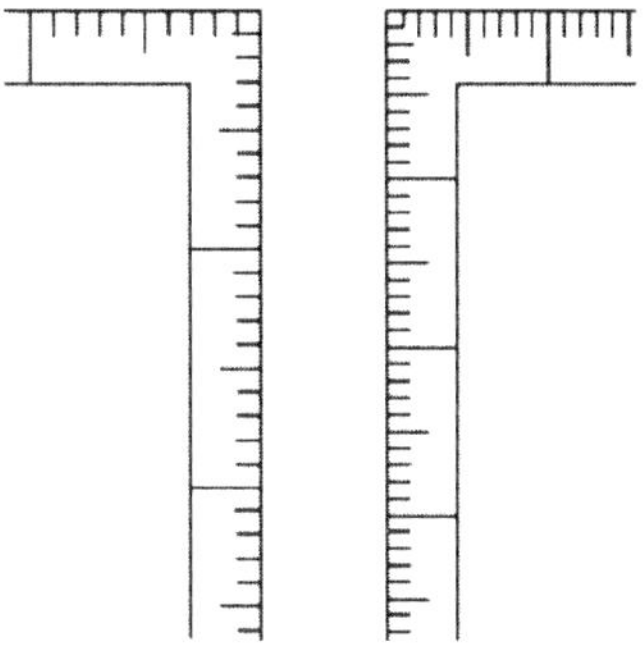

曲尺の裏（左）と表（右）

曲尺
昔の日本家屋や道具類は、みなこの曲尺によって寸法が定められていた。

面白いことに、ドラえもん、ミッフィー、キティちゃん、サザエさん、くまのプーさん、アンパンマン、トトロ、ちびまる子ちゃんなど、人気キャラクターは、ほとんど白銀比で描かれています。

デザイン的には黄金比が長方形なのに対し、白銀比はやや正方形に近く、人の顔でいえば黄金比が面長《おもなが》なのに対して、白銀比は丸顔で「かわいい感じ」になります。だから人気キャラクターのデザインに使われるのでしょうね。

ちなみに、グーグルの以前のロゴは白銀比でしたが、新しいロゴは黄金比になっています。前のロゴは、Gからeまでの文字幅が、右端に「日本」と入っている枠の幅に収まるようにデザインされていました。そうすると、文字幅を横線とし、文字の頭から「検索」枠までを縦線とする長方形の比が1：1・414（$=\sqrt{2}$）になります。

なぜ白銀比から黄金比に変えたのかは分かりませんが、二つのロゴを並べてみると、ドラえもんとミッキーマウスのような違いを感じます。白銀比のロゴはどことなく頭が大きくて短足のドラえもん型のロゴに見えませんか。黄金比のロゴのほうがスマートに見えます。

幾何学図形研究家の秋山清《あきやまきよし》氏は、日本古来からあるこの比率である「白銀比」を「大和《やまと》比」と命名しました。氏はまた、黄金比、白銀比（大和比）は単に二次元上の比率ではなく、正多面体すなわち三次元上の比率でもあると述べています。その視点を入れると、驚くべきことがわかってきました（秋山清著『神の図形』コスモトゥーワン刊）。

秋山氏によると、「宇宙には究極の幾何学構造が7つあり、それらは必ず黄金比か白銀

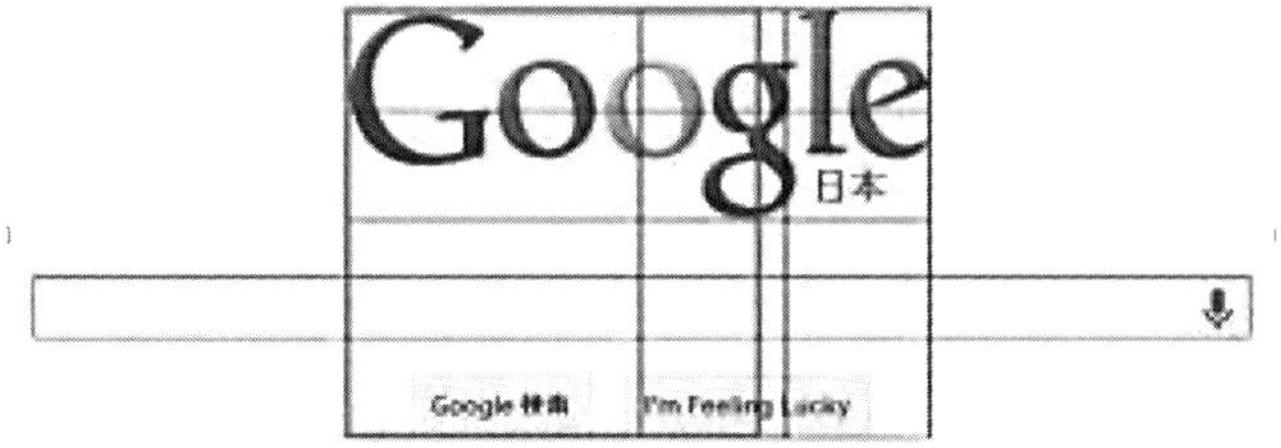

旧ロゴ　丸みがある

新ロゴ　大文字と小文字が黄金比

新旧のロゴ比較

比（大和比）のどちらかだ」というのです。

1. 正四面体　白銀比（大和比）
2. 正六面体　白銀比（大和比）
3. 正八面体　白銀比（大和比）
4. 正十二面体　黄金比
5. 正二十面体　黄金比
6. 菱形《りょうけい》十二面体　白銀比（大和比）
7. 菱形三十面体　黄金比

古代の人々は物事を平面だけで見ずに、常に立体的に捉え、幾何学、数学、哲学、天文学などを発達させてきました。

ですから、建物を造る時に最も安定して、かつ最も美しい比率を探し求めていたのは、当然のことでした。

三次元の立体に黄金比や白銀比（大和比）があるということは、自然界にもその比率があるということに他なりません。

その一例が蜂の巣です。

上から見ると蜂の巣は六角形の穴がびっしり並んでいるように見えますが、その一つ一つは六角柱になっており、カプセルホテルのように蜂の住む小部屋になっています。

驚くことに、この小部屋がすべて白銀比（大和比）を基準にした「菱形十二面体」構造になっているのです。

蜂たちは何と法隆寺や金閣寺と同じ比率でできた「日本建築」に住んでいるのですね（笑）。

蜂の巣だけではありません。

秋山氏によればDNAにも白銀比（大和比）があります。ノーベル賞を受賞したワトソン・クリック両博士の研究により、二重らせん構造の中の一部の分子構造は、不斉炭素原子を中心とした正四面体、つまり、まぎれもなく $1:\sqrt{2}$ の白銀比（大和比）で形成され

白銀比（大和比）で出来ている蜂の巣

ていることが分かっています。

さらに、秋山氏は大脳研究の第一人者、養老孟司《ようろうたけし》氏の『唯脳論』から、次のような指摘を紹介しています。

「（大脳）皮質を蜂の巣状とみることも可能である。蜂の子を入れる個々の単位は大脳皮質ではコラム構造と呼ばれる。（中略）機能的には、これを情報処理の素子とみなすことができる」

大脳皮質も蜂の巣と同じ「菱形十二面体構造」をしているというのですから、驚きです。

さらに、小腸の絨毛《じゅうもう》、血液、血管、肝臓の細胞を拡大してみると、「菱形十二面体」の特徴である六角柱の連続体が見られることが明らかになっています。研究が進めば、人体の他の組織細胞にも白銀比（大和比）が見出せるのではないでしょうか。

面白いことに、人体の細胞は白銀比（大和比）ですが、インフルエンザウイルス、エイズウイルスなどのウイルス群の多くは「正二十面体」の黄金比を形成しているそうです。同じ多面体でも、菱形十二面体の人体の細胞より正二十面体のウイルスのほうが強そうな

菱形十二面体
DNAや人体組織細胞のかたち

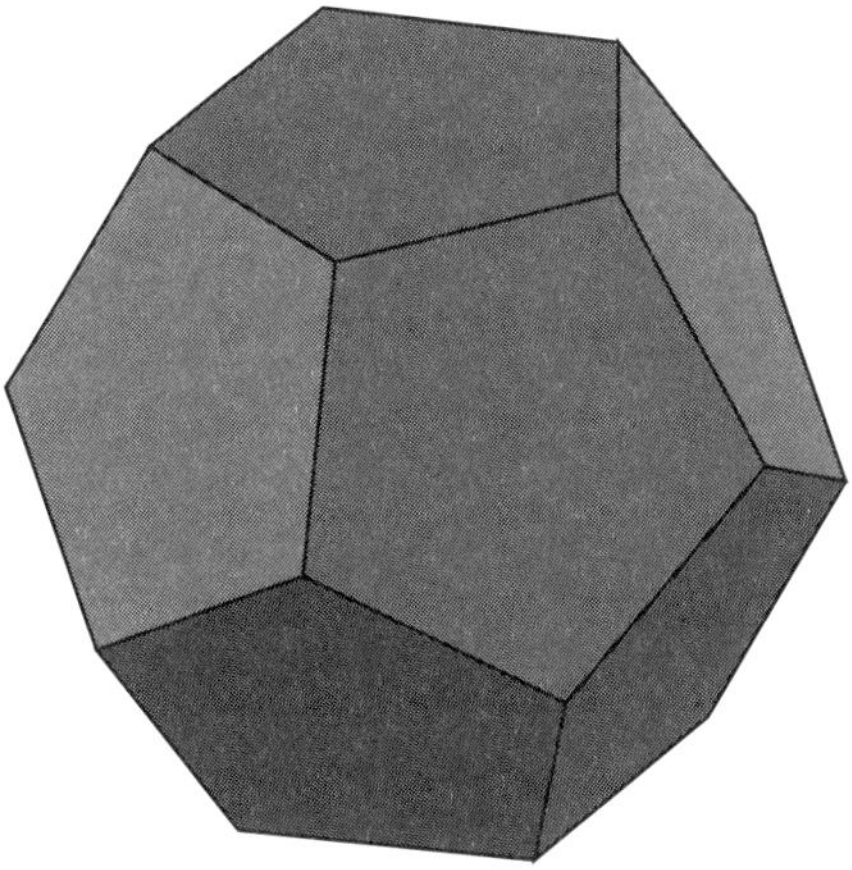

正二十面体
人体を襲うウイルスたちのかたち

気がしませんか。

さて、このように人体に限らず、森羅万象《しんらばんしょう》に多面体構造と黄金比・白銀比が潜んでいるということは、いったい何を意味するのでしょうか？

「われわれの生命活動に係る宇宙や自然界のもろもろの事象を細密に分析してみると、その構造の中心には必ずと言っていいほど正多面体という形が介在し、見え隠れしている」

これは秋山氏が引用した十九世紀のドイツの教育家、フレーベルの言葉です。

子供たちが遊びながら多面体構造を学んでいくように、「積み木」という多面体玩具を考案したフレーベルは、「宇宙は正多面体の組み合わせで出来ている」と言いたかったのでしょう。

正多面体と黄金比、そして白銀比（大和比）。これらは宇宙の基本的な構造なのでしょうか？　古代では幾何学が重んじられていましたが、それは多面体構造である宇宙を解明するためだったかもしれませんね。正多面体と二つの特権的な比率の存在は、まだまだ解明の途上です。

でも、こんなふうに考えてみませんか。

人体の細胞に正多面体があるならば、病気の細胞はきっと多面体構造が歪《ゆが》んでいるでしょうから、その歪みを正すだけで病気が治るかもしれないのです。また、マーケティングでも、黄金比や白銀比を積極的に使った商品は好感度が高く、ヒットの可能性が高まるに違いありません。

私たちは、これらを発見した偉大な先人たちに感謝すると同時に、宇宙にあまねく存在するこの多面体と黄金比・白銀比（大和比）を、現代の病弊を解決する知恵の宝庫として、新たな視点から活用してみてもいいのではないでしょうか。

アンチ・アンチエイジング

奈良で茶器を購入した時、お店の主人が「器を育てる」という物の見方を教えてくれました。

陶磁器を使い込むうちに染みが付いたり、艶《つや》を帯びたり、欠けができたりと、新品の時とは違う風情を帯びてくる様子を見て、茶人たちは「よう育ちましたなぁ」と言うそうです。

「なんて素敵な考え方なのだろう」と、感激してしまいました。

いにしえの茶人たちは、器が経てきた歳月と使い手との関わりが織りなす物語を可視化して賞味していたのです。その細やかで、鋭い感性に脱帽です。

私がこの「器が育つ」という考え方に共鳴したもう一つの理由は、そこに今はやりの「アンチエイジング」の考え方と真逆の思想を見たからです。

団塊の世代が老境に差し掛かった現在は、アンチエイジング全盛時代です。しわ、たるみを改善する化粧品やサプリ、若見せのメイク法、果ては男性機能の回復剤まで、介護同様アンチエイジングも、巨大なマーケットを築いています。

もちろん健康で若々しいのに越したことはありませんが、「アンチエイジング」流行の背後には、「老いる」ことへの恐怖、「若さ＝美しさ」という考えがあるように思います。年を取ることは醜い、だから年を取りたくない！　いつまでも若くいたい！　という考えが根底にあるのではないでしょうか？

そこには大自然の営みである「変化」を拒否し、自然の一部である自分に当然訪れる変化をなかったものにしようとする意図があります。

もし「若さ」が人間の最高の価値だとしたら、「若さ」のピークを過ぎると、人はただ劣化するだけの価値のない存在なのでしょうか？　年を取ったら、容色も体力も衰えた姿で、人はお迎えが来るまでの人生を、「消化試合」のように味気なく、とぼとぼと過ごさなくてはいけないのでしょうか？

「賞味期限」という言葉を、食品ではなく人間にも使う昨今の風潮には、言い知れぬ嫌悪感を感じてしまいます。長寿化を喜ぶ一方で、年を重ねることを忌《い》み嫌うこうしたダブルスタンダードに、私は若い頃から少なからぬ違和感を抱いていました。

でも、高校二年の時、私は最高の答えに出会ったのです。

それは世阿弥《ぜあみ》の『花鏡《かきょう》』を原文で読む古典の授業の時でした。世阿弥が、亡き父観阿弥《かんあみ》の最後の舞について書いている箇所です。原文の「上がる位を入り舞に」について先生の説明を聞いていているうちに、はっと胸を衝《つ》かれたのでした。

世阿弥の父、観阿弥は五十二歳の時、駿河の浅間《せんげん》神社で奉納の能を舞いました。六百年前の五十二歳は、今でいえば七十代後半にあたるでしょう。老境にあった観阿弥は、当時病に冒されており、五月四日に能を奉納した二週間後の五月十九日に他界していますので、当日もけっして体調が良くなかったことでしょう。

普通なら老いと病いで衰弱した状態で舞う能など、とても期待できるものではありませんが、この時の舞は、並み居る観客が絶賛を通り越して感嘆するほどの、華と威厳に満ちた実に見事な出来栄えだったそうです。世阿弥はこの時の観阿弥の舞を生涯の手本としました。

観阿弥は、いったいどんな能を舞ったのでしょうか？

世阿弥によると、その時の観阿弥の舞い方は、手足を動かすようなことは若手に譲って、無理のない芸をことごとく控えめに演じたのですが、それが逆に華やかに見え、「まことに得たりし花」だったそうです。

その風情は巌《いわお》に生《は》えた梅の老木が絢爛《けんらん》と花を咲かせるのに似て、「上がる位を入り舞に」演じきったと、世阿弥は絶賛しています。

観阿弥の傑作「自然居士」

「上がる位を入り舞に」。

老境に入っても初心を忘れぬ者は日々進化します。その人にとって人生に終わりはあっても能に終わりはありません。日々精進する者にとって、今の芸は過去の芸より優れているはず。それこそが「精進した」ということの証《あかし》なのですから。

そうした意識で時を積み重ねていけば、人は、いつでも「今の芸が最高」という状態でいられます。そうであれば、人生最後の舞は、人生最高の舞となるはずです。

「上がる位」とは進化した境涯のこと。「入り舞」とは最後の舞、舞い納め、ということ。日々、昨日より今日、今日より明日はさらに進化しよう、といつも自分の最高を更新する意識で生きること。そして、最高の境涯のままこの世を去る――。何と素晴らしい、品格のある生き方なのだろう。


十代だった私は、想像したこともない凜《りん》とした気高い生き方を知り、授業中ではありましたが、なぜか涙が止まりませんでした。

苔《こけ》むした大きな岩に食い込むように根を下ろした梅の老木。節くれだった太い幹からは無数の小枝が天に向かって伸びています。枝という枝にはびっしりと咲き誇る無数の白い花……。

そこには若木が束になっても敵わない貫禄、品格、絢爛さ、そして威厳が圧倒的な存在感をもって観る者の心に迫ってきます。

「こんな生き方があったのか……」

私は自分の無知と若さゆえの傲慢《ごうまん》さ（老いに対する皮相的な見方）が恥ずかしくなりました。

日々進歩することを心がければ、昨日より今日は少しでもましになっているはず。年をとっても醜くならないんだ、それどころか、若者が逆立ちしても敵わない「何か」が身に付いていく……。

そう思った瞬間、「ああ、そんな生き方をしてみたい！」と、魂が叫んだ気がしました。

©Hajime_Ishizeki/amanaimages

以来、「上がる位を入り舞に」は、私の人生の指針となりました。この言葉を知ってから、私は年を取ることが怖くなくなったのです。なぜって今日の私は昨日の私よりもどこかしら進化しているはずだから。成人してから、さまざまな出会いがあり、辛い出来事もありました。そんな時でもこの言葉を思い出すと元気が出たものです。

現代の「アンチエイジング」は、「上がる位を入り舞に」の対極にあります。

私たちが時の流れの中で身に付けたものをなかったことにして、「若い＝美しい」という価値観で自分を包み込みます。それは現実を見ないことであり、ありのままの自分を拒否することにつながります。「アンチエイジング」に走りすぎると、潜在意識のレベルで現実のありのままの自分を否定していることに気づきません。

吉田兼好も『徒然草』で書いています。

「花はさかりを　月はくまなきをのみ観るものかは」

満開だけが桜ではないし、満月だけが月であるわけではありません。始まりから終わりまですべてが花であり、月なのです。

人間も同じなのではないでしょうか？　けっして若い盛りだけが美しいのではありませ

ん。健康に気をつけて若々しい容姿を保っているのはたしかに素晴らしいことです。それでも人生経験からにじみ出る品格や貫禄という「時の贈り物」も、素直に受け容れる人間でいたいと思わずにはいられません。

今から二十年ほど前、対人関係に苦しんでいた時、思わずこんな歌が口を衝《つ》いて出てきました。

わずかでも　きのうの己に克《か》つ我を　あしたの我は　なおも超ゆらん

まるでもう一人の私が「くよくよしないで『上る位』を目指そうではないか！」と、悩み苦しむ私を励ましているようでした。

「ああ、世阿弥は今も私の中で生き続けている」と、実感した瞬間でした。

「品《ひん》」はどこから来るか

「人は見た目が9割」と、最近は言われます。SNSでも若い人たちは「インスタ映え」する写真を撮るための工夫に余念がありません。ファッションでも「盛る」という言葉が使われますが、メイクや髪形をいじって少しでも見栄えをよくしようとします。

見た目をよくすること自体、別に悪いわけではありません。けれども「表面」を繕《つくろ》えばそれでOKという流れになっていくのは寂しいものです。

流行は絶えず変化します。時代によって「美」の基準も変わります。けれども時を超えて伝わるものには、何か共通するものがあるように思えてなりません。それはただ美しいだけ、ただ品質が良いだけではない何かがあります。

ユナイテッドアローズの設立者で現名誉会長の重松理《しげまつおさむ》氏は、美意識の背景にある「品」の世界について次のように語っています。

「奇策はありません。あくまでも正攻法。それは〝理に順《したが》う〟ことです。つまり、自然の理《ことわり》や社会の道理から外れていないこと。いかに原料の品質が良くても、縫製をいい加減にしていたら商品はけっして美しくならない。その逆も然《しか》り。それは物づくりの理に適っていないからです」

良い品《しな》には、品《ひん》がある。

なぜなら、良い品は「細部をゆるがせにしない」からです。見えない所まできっちり仕上げてあり、それが仕上がりの質を支えているのです。

見えない所も手を抜かない——それは日本人の仕事ぶり全般に言えることではないでしょうか。仕事に対するこの姿勢は日本人の誠実さの表れであり、商品でいえば「ジャパン・クオリティ」と呼ばれる、世界に認められた品質の高さとなって表れています。

私たちの日常生活を見渡してみると、不思議と「見えない所も手を抜かない」現象、というより、むしろ「見えない所を手抜きすると成り立たない」事象が多いことに気づきます。

たとえば和服の着付け。

肌襦袢《はだじゅばん》はもちろん、長襦袢や伊達締《だてじ》めなどをきちっと着付けていないと、着崩れしやすいものです。どれほど高価な着物でも土台がきちんとしていなければ、だらしなく見え、せっかくの美しさが引き立ちません。

見えない部分が見える部分を支えているのです。

昔の日本人はこの理《ことわり》を、小さい時から着物を着るときに自然に身に付けていました。遊びでも同じことがいえます。日本人なら折り紙の一つや二つは折ったことがあるでしょう。

ツルのような簡単な作品でさえ、最初の折りを正確にしないと翼の形がちぐはぐになったりして、美しい形に仕上がりません。

完成したらけっして表面からは見えることのない折山

を、一つ一つ、きっちりと折り上げていく先に、めざした形が表れてくるのです。

こうして、幼い頃から「見えない所が大切」ということを、日本人は遊びのうちに知らず識らず身につけていったのです。

私たちは「手抜き」は美しくないことを知っています。なぜなら、手抜きして作られた作品の姿は「虚」、すなわち「みせかけ」だからです。素地《そじ》を隠し、あるいは糊塗《こと》してそれらしく見せた姿は偽《いつわ》りの姿であり、美や品が宿ることはありません。偽りであるゆえ、それは時の試練に耐えることができません。いつしか色褪《いろあ》せ、やがて本性が隠しようもなく現れてしまうのです。

では、その姿が「実」、すなわち本物であるものとはどんなものを言うのでしょうか？　それは、外側からは見えることのない基本や土台をきっちりと踏まえ、完成までのプロセスのどこをとっても手抜きのない作品であると言えましょう。そういう作品の外観は、下から積み上げてきたプロセスの最上層であり、無駄のない必然の姿をしています。それでいて、どこかゆとりや「遊び」さえ感じさせるのです。

高い技術力の表れ―釘を使わない江戸指物

今まで積み上げた工程は目には見えませんが、そこに掛かった手間と時間が作品の「奥行き」となって「品」を醸《かも》します。しかも、この状態は完成形であると同時に、これからも創意と工夫によってさらに改良可能な状態でもあるのです。

完成形でありながら未完成の状態。それが作品に謙虚さという美質を与えていることに注目しましょう。けっして主張しないのに、凜《りん》とした気品がある作品。日本の職人が作った作品にはみな共通している特徴です。

同じことが人物にも言えるのではないでしょうか?

何千回、何万回と踊ってきた人の立ち振る

舞いは、何気ない仕草さえ美しく、品があるものです。深い教養を積んだ人の語る言葉は、簡潔な中にも含蓄《がんちく》や洞察《どうさつ》に富み、付け焼刃の能弁な人の敵《かな》う相手ではありません。

これらの人に共通する特徴は、押しなべて「謙虚」であることです。自分は未熟者だという恥にも似た自覚があり、一般人から見たらすでに高みにあるにもかかわらず、その自覚が、さらなる学びや修練へとその人を駆り立て、完成度を高めていくのです。

「品」とは、コートを羽織《はお》るように衣服の上から纏《まと》うものではありません。ノウハウを学べばマスターできるものでもありません。人生のさまざまな局面を、逃げず、目をそらさず、嘘をつかず、きっちりと立ち向かって生き抜いてきた時、その人生の厚みが創り出すたたずまいから、隠れようもなく立ち昇る「魂の香り」、それこそが「品」と呼ばれるものの正体ではないでしょうか。

第二章

日本人が生み出した空間と所作

「和」の空間、その秘密

喧嘩ばかりしていた夫婦が、古民家を購入してそこに住み始めました。すると、ご主人の様子が大きく変わり出し、いつの間《ま》にか喧嘩をしなくなったそうです。

これは、一、二例に限った話ではなく古民家に引越しした家庭でよくある話だとか。一方、あるテレビ番組によると、畳のない家に暮らしている夫婦は離婚率が高いというデータもあるそうです。

また、畳のある和室の減少傾向と、幼児虐待の増加が奇妙に響き合っている現象にも注目です。

現代の住まいが日本人の伝統的なライフスタイルを変化させてきたことは事実でしょう。

しかし、そのことが離婚率の増加、幼児虐待の急増、といった社会問題にも影響を与えて

全国の児童相談所が対応した児童虐待相談の件数

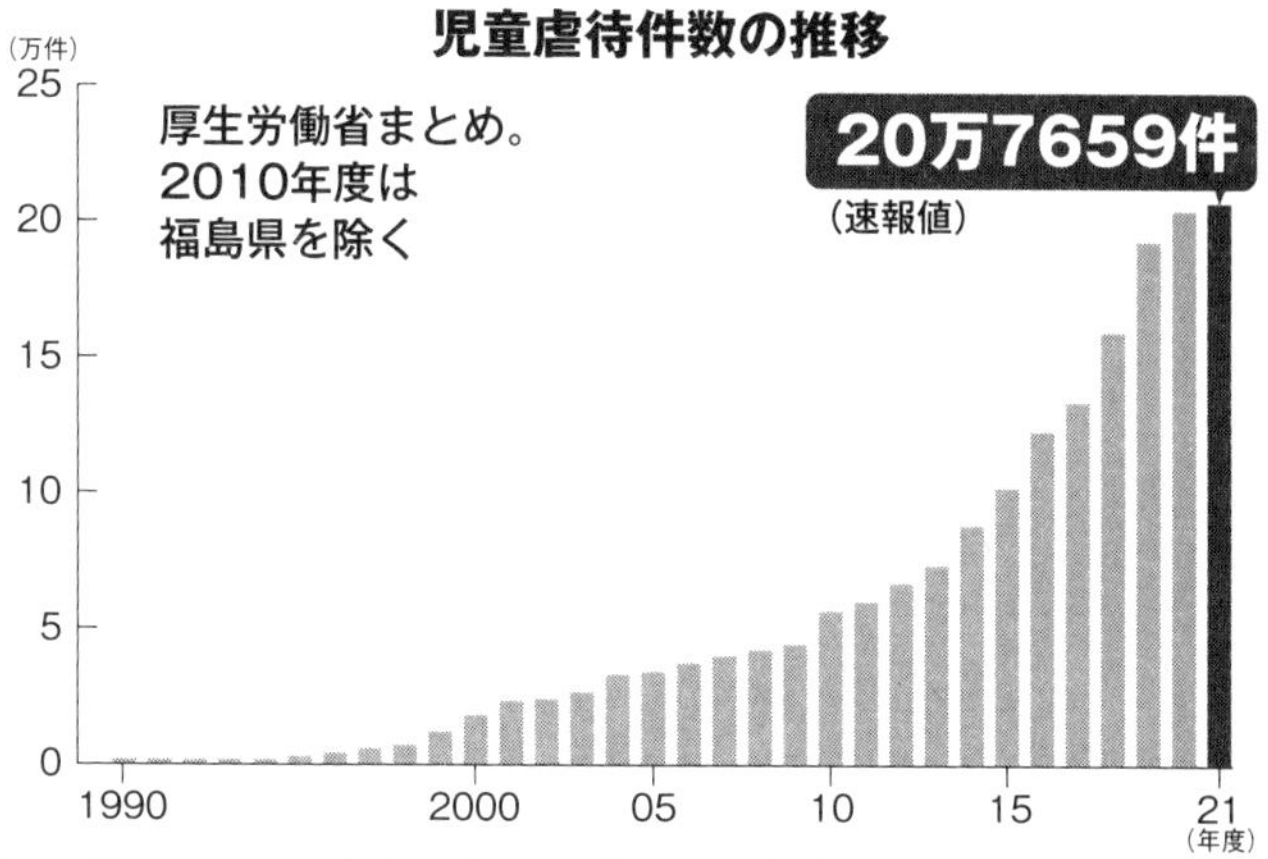

https://www.mag2.com/p/news/headline/551285 (児童虐待、最多20万7659件 21年度「心理的虐待」が6割―厚労省―2022.0909.時事通信)

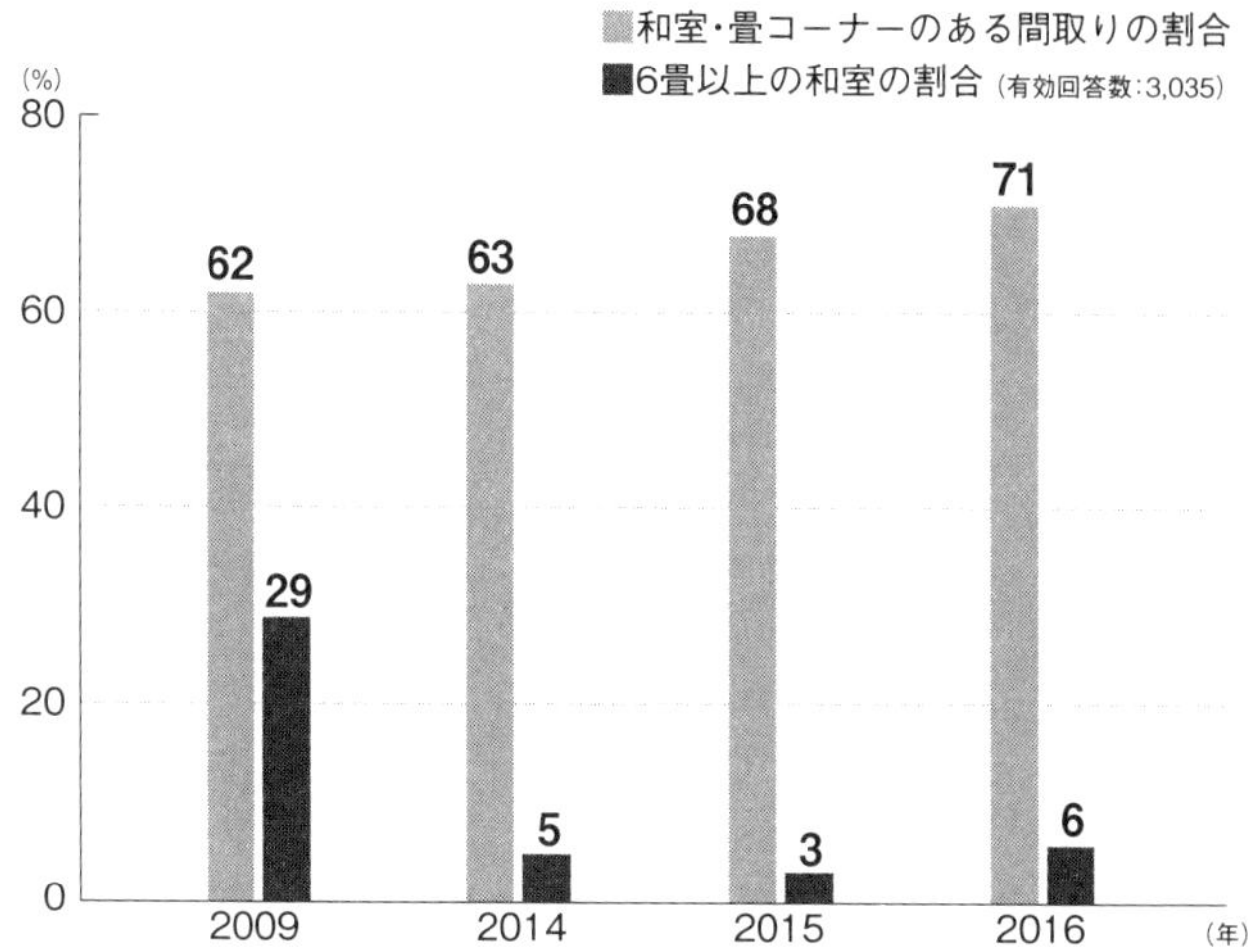

2009年あたりを境に和室が激減、一方、幼児虐待は2010年から激増している。
出典:アキュラホーム住生活研究所:http://aqura.co.jp/lab/ah/ah20170209

いるとは驚きですね。人間関係から生じるトラブルも、「住環境」という補助線を引いてみると、意外な解決策が見つかるかもしれません。

そうした社会問題も踏まえて、改めて日本の伝統的な住宅の特色とは何だったのか、それが私たちの意識や生活習慣にどのような影響を与えてきたのかを、考えてみましょう。

読者の皆さんは「日本の住宅の特徴は?」と訊かれたら、何と答えますか? よく西洋建築は石でできていて、日本建築は紙と木でできている、と言われますが、それは表面上のことにすぎません。構造に目を向けてみましょう。

日本建築は「柱」と「梁《はり》」でできています。

柱が垂直の支えであるのに対し、梁は水平に軀体《くたい》（建物全体を構造的に支える骨組み）を支えています。

梁と同様に、柱の上に渡される部材に桁《けた》があります。梁と桁の違いは棟木と平行方向に横に渡すのが桁、直行する方向に横に渡すのが梁となります。昔の民家は、この柱と梁が家の中からも見られる構造になっていました。

そして、家の中心には「大黒柱」がどん！と立っています。
西洋建築の住宅では、柱は壁の内側に隠されたり、塗り込められたりして、なるべく目に触れないようになっています。これに対し日本の建築では、大黒柱だけでなく、床柱などは隠すどころか、その存在を誇示するように立てられています。そして、掃除のたびに入念に磨かれ、年とともにますます輝き、存在感が増していきます。
日本人にとって、「柱」は神聖な存在なのです。上下に伸びるその姿は、まるで神が天から降り立った場を示すかのようですね。ですから、家の中心にそそり立つ大黒柱は家中でもっとも神聖で権威のある場所なのです。

一家の主人を「大黒柱」と呼ぶのも、その柱のごとく権威のある、頼りがいのある存在だからでしょう。

「大黒柱」のある家。

言葉を変えれば、それは「中心のある家」ということです。縄文時代の竪穴式住居は言うまでもなく円形で、中心に煮炊きする火がありました。

時代は下って四角い家に住むようになってからも、私たちの先祖は円形構造を忘れてはいませんでした。家の中心に囲炉裏《いろり》のような火を焚《た》く場所を作り、そばに大黒柱を立てました。

そして、基本的には囲炉裏を中心とするワンルームを、簡単な仕切りで区切り、お互いの気配をそれとなく感じながら生活していたのです。

中心があるということ、そして「柱」という天地をつなぐ「軸」があるということ。この住宅の基本構造がそこに住む人の意識に影響を与えないわけがありません。

私たちは小さい時から姿勢を正して、体軸を立てることを厳しくしつけられてきました（特に昭和の時代までは）。これは単なる行儀作法ではありません。実は体軸を立てることで心身が最高のパフォーマンスができるようになるための訓練だったのです。

和室と切っても切り離せない日本人の座り方といえば「正座」です。ただし最近は「足がゆがむ」「O脚になる」など、大変評判が悪いようです。しかし、正しい正座はO脚になるどころか、矯正し、内臓機能まで整えてくれるのです。

渋谷でパーソナルジムトレーナーをしている今野拓也《こんのたくや》さんは、ご自身のブログでこう語っています。

「一部で『正座するのは健康に悪い』と言われているようですが、とんでもない。正座はむしろするべきくらいに自らの体験から私は思いますし、日々私は正座をしています。正座というのはもともと日本古来の座り方だったのですね。

（中略）

経絡でいうと、正座することで伸びる身体の前面には胃腸の経絡があります。そして足首も伸びますがこの足首の固さは腎臓の経絡と関係します。

そういった面で、この二つの内臓の調子が経絡からも整う効果があるのが正座なのです。

食べ過ぎた次の日や、気温の冷えが強い日に正座をしてみるとやりづらいのが分かるかと思います。身体と生活習慣のつながりを実感できる瞬間でした」

(『ととのえて、からだ。』http://takuyakonno.com)

畳の上で生活し、正座で座る。家の柱のように、身体に軸を立てること。正座はそのための座り方であり、同時に健康法になっていたのでした。

家に中心があるように、家族にも中心がありました。それが大黒柱である一家の主人です。が、大黒柱が立っているだけでは家は機能しません。そこには実質的に家をマネージメントする人物が必要です。

「建前と本音」の達人である日本人の社会では、建前の主人と本当の主人が実にうまくかみ合って機能していたようです。本当の一家の主人は、いったい誰だったのでしょう?

明治時代に来日した外国人の口から語ってもらいましょう。

「日本の家へ一歩踏み入れれば、そこに婦人たちの優雅な支配力が感じられる」

「彼女は独裁者だが、大変利口な独裁者である。彼女は自分が実際に支配しているように見えないところまで支配しているが、それをきわめて巧妙に行っているので、夫は自分が手綱《たづな》を握っていると思っている」

「日本の婦人は賢く、強く、自立心があり、しかも優しく、哀れみ深く、親切で、言い換えれば寛容とやさしさと慈悲心を備えた救いの女神そのものである」

（ハーバート・G・ポンティング『英国特派員の明治紀行』新人物往来社）

「女神」とは褒められすぎの感なきにしもあらずですが、実際昔の女性はそれにふさわしい実力があったのだと思います。

よく男性優位の見本のように言われる「男子厨房に入らず」という言葉も、実は女性を立てた言葉なのです。台所は女性が支配する

ポンティングとその著書

領域なので、そこに男性がみだりに入って女性の仕事を妨害してならない、という意味で、けっして男性が「料理の手伝いなどするものか！」と威張っているわけではありません。「中心」を持つと同時に「軸」を立てる、という行為は日本人の生活全般を貫いています。正座に始まり、「道」と名の付く習い事はすべて姿勢、すなわち「軸」を立てることによって、そのパフォーマンスが向上するようになっています。

最近はやりの「インナーマッスル強化」などは、昔の日本人なら誰でもが普通に行っていたことでした。

冒頭に述べたように、「和」の空間がなくなったことで、そうした身体の使い方が忘れられ、家族の間の「和」もなくなっていったのは寂しいことですね。

洋風建築のほうがカッコよいという風潮のせいなのか、住宅産業の戦略かは分かりませんが、最近の住宅はほとんどがフローリングです。マンションなどは四畳半ほどの広さ（狭さ？）の個室二部屋に、六畳程度の寝室プラス十二畳程度のリビングルームで「3LDKの邸宅」と宣伝しています。もちろん大黒柱はありません。

インターネットの普及のおかげで地球の裏側の人と瞬時につながることができる一方で、

半径十メートル足らずの家の中で心が通わない肉親同士が増えている現実。

それが離婚や幼児虐待の増加につながっているとしたら、「和」の空間の減少は由々《ゆゆ》しき事態だと言わねばなりません。

戦わない生き方

上高地《かみこうち》から六時間、梓《あずさ》川をさかのぼり谷筋を詰めると、穂高《ほたか》の峰々に囲まれたカールに、山小屋「涸沢《からさわ》ヒュッテ」があります。ここは通称「雪崩《なだれ》銀座」。その名の通り、雪崩が非常に多く発生します。普通、こんな場所に山小屋は造りません。

実際、一九五一年開設時の建物も、翌年建てられた建物も、すべて雪崩に流されてしまいました。

しかし、一九六一年、この地に新館の設計を依頼された吉阪隆正《よしざかたかまさ》氏は、これまでと

山小屋「涸沢ヒュッテ」　©SATOSHI ONUKI/SEBUN PHOTO/amanaimages

まったく逆の、ある意味できわめて日本的な発想で、設計に取り掛かりました。

吉阪氏は、雪崩に対抗するのではなく、「やりすごす」という発想で設計したのです。建物を半地下にし、屋根の上を雪崩が通り過ぎるようにしたのです。その結果、まるで斜面にへばりついているような建物が完成しました。

北側は石に囲まれ要塞のようですが、南側は低い二層の新館が斜面にしがみついていま す。今年で六十年目（二〇二三年現在）の冬を無事に迎えている涸沢ヒュッテは、雪崩を「やりすごす」という吉阪氏の考えが正しかったことを証明しています。

西洋では登山を「山を征服する」という考えで捉えています。それは自然を人間と敵対する存在として捉えているからで、自然との関わりは「自然との闘い」を意味します。ですから雪崩に対抗するような頑丈な石造りの小屋を造るのです。

それに比べると、雪崩を「やりすごす」という発想は、なんと力が抜けていることでしょう。どこか飄々《ひょうひょう》とした雰囲気さえ感じます。

同じことが五重塔の構造にも言えます。地震の多いわが国に五重塔はたくさんありますが、地震で崩壊したという話は聞いたことがありません。それは、五重塔には「心柱《しんばしら》」という独自の中心があり、それが見事な耐震効果を発揮しているからです。

心柱には「地中礎石」「地上礎石」「宙ぶらりん型」の3種類がありますが、いずれもあれだけの屋根の重量を支えるのに「これだけ？」と思うほどシンプルなものです。

以前公開された日光東照宮の五重塔の心柱は、地上から10センチほど浮いていた「宙ぶらりん型」だったそうです。五重塔の心柱は四層目から鎖《くさり》で吊り下げられ、下まで達していないばかりか、五重の各層ともつながっていないのです。

下の写真は東照宮の五重塔の心柱。

本当に礎石から浮いています。

なぜこんな不思議な構造をしているのでしょう？　昔の人の知恵のすべてを解明することはできませんが、心

日光・東照宮の五重塔の心柱

柱については次の二つの理由が考えられます。

一つは地震緩和システム。

地震の際、心柱が振り子のように動いて振動を和《やわ》らげる働きをします。

二つ目は、木材のひずみを調整するため。

木造建造物は長い年月が経つうちに建物自体の重さと木材の収縮のため、どうしても「ひずみ」が出て、建物に狂いが生じてきます。重みで塔が縮んだ時、心柱が建物を突き破らないように宙に浮かせていると、考えられます。

心柱は「昔の人の知恵」と書きましたが、その免震構造の発想は古いどころか、最先端の建造物にも応用されています。東京スカイツリーがそれです。

スカイツリーのような高度のある建物

五重塔の心柱の構造が活かされた
東京スカイツリー

の場合、地震の時に構造物本体とタイミングがずれて振動する「おもり」を加えることで、本体とおもりの揺れを相殺させて、構造物全体の揺れを抑制する制振システムが必要です。おもりには、通常鋼塊《かい》やコンクリート塊が用いられます。しかし東京スカイツリーは世界で初めて心柱の構造を採用したのです。

涸沢ヒュッテも東京スカイツリーも、どちらも現代建築技術の粋を集めて造られた建造物です。そしてどちらもきわめて日本的なコンセプトで自然と向き合っています。「やりすごす」――それは里山とはまた違った形の自然との付き合い方だと言えましょう。

里山は、自然の中に人間が分け入って住みやすいように自然を馴《な》らしていった、いわば自然と人間とのコラボ作品です。一方、「やりすごす」という考えは、避けられない自然の猛威をできる限り緩和しようとします。

両方に共通しているのは「自然と争わない」「自然と敵対しない」姿勢だと言えます。

思えば、戦後の日本人は日々戦っていました。高度成長期に「24時間戦えますか」という有名なCMがありましたし、平和ボケと言われながら、日常生活では受験戦争、出世競争、格付けなど、常に誰かと競い、戦うことが当たり前になっていました。昔はのんびりと共存していた自然も、一時の利益のために荒らされ、破壊され、場所によっては復元できないほどの状態になっています。

こんな時こそ先人の肩ひじ張らない生き方を見習いたいものですね。ここでは建築を取り上げましたが、日本の伝統技術の中には、他にも最先端のエンジニアも瞠目《どうもく》するノウハウや発想の種がいっぱい詰まっています。「温故知新」で、画期的なアイデアや商品が生まれるかもしれません。

心柱のなせる技。1400年以上経ってもびくともしない法隆寺五重塔

和の国は「環《わ》の国」

秋の足音が近づくと温かい鍋料理が恋しくなります。美味《おい》しさもさることながら、気の合った人たちと同じ鍋を囲むという雰囲気が、日本人は大好きです。「囲む」、つまり輪を作って何かをするのがとても好きな民族だと言えましょう。

円や輪が好きな習性は今に始まったことではなく、遠く縄文の頃からありました。なにしろ、発掘された世界最古の縄文時代の集落（約三万六千年前）も、円環状に作られているのですから。

次ページの図は、花巻市の小瀬川《こせがわいち》Ⅰ遺跡です。

集落が円環状に形成されています。集落の中央が広場になっており、祖先神を祭り、その周囲に集団墓地を設けています。さらにその外側に貯蔵庫、竪穴式住居が同心円状に配置されています。

関東以北にはとりわけこうした同心円を描く円環状の集落の遺跡が多く発見されています。

また次ページの図は、規則正しい碁盤の目状に整備された京都の地図です。一見して計画的に造られた人工都市であることが分かります。

帝《みかど》のいる大内裏《だいだいり》を中心に造られていることから、権力や権威、身分といった社会制度が都市空間に投影されていることも見て取れます。

京都の都市空間に比べると、縄文の集落は「円環状」といっても幾何学的に正

小瀬川Ⅰ遺跡調査区全体図

確な円形をしているわけではなく、自然発生的な緩《ゆる》やかな輪を描いているにすぎません。当時は皆が平等で身分制度がなかったせいでしょうか。ここには京都の碁盤の目のような権力のにおいがありません。

舞踏「わの舞」の創始者の千賀一生《ちがかずき》氏によると、「円形に作り、空間が円空間になると、宇宙の調和した力が働き、争いがなくなりやすい」そうです。円形でない集落と比べると、環状集落からは食べ物の奪い合いなどで殺された人骨が発掘されたことはないと、言われます。

獲物を捕獲するための石器はありましたが、人を殺すための武器はありませんでした。まさに「輪」が「和」をもたらしたのですね。

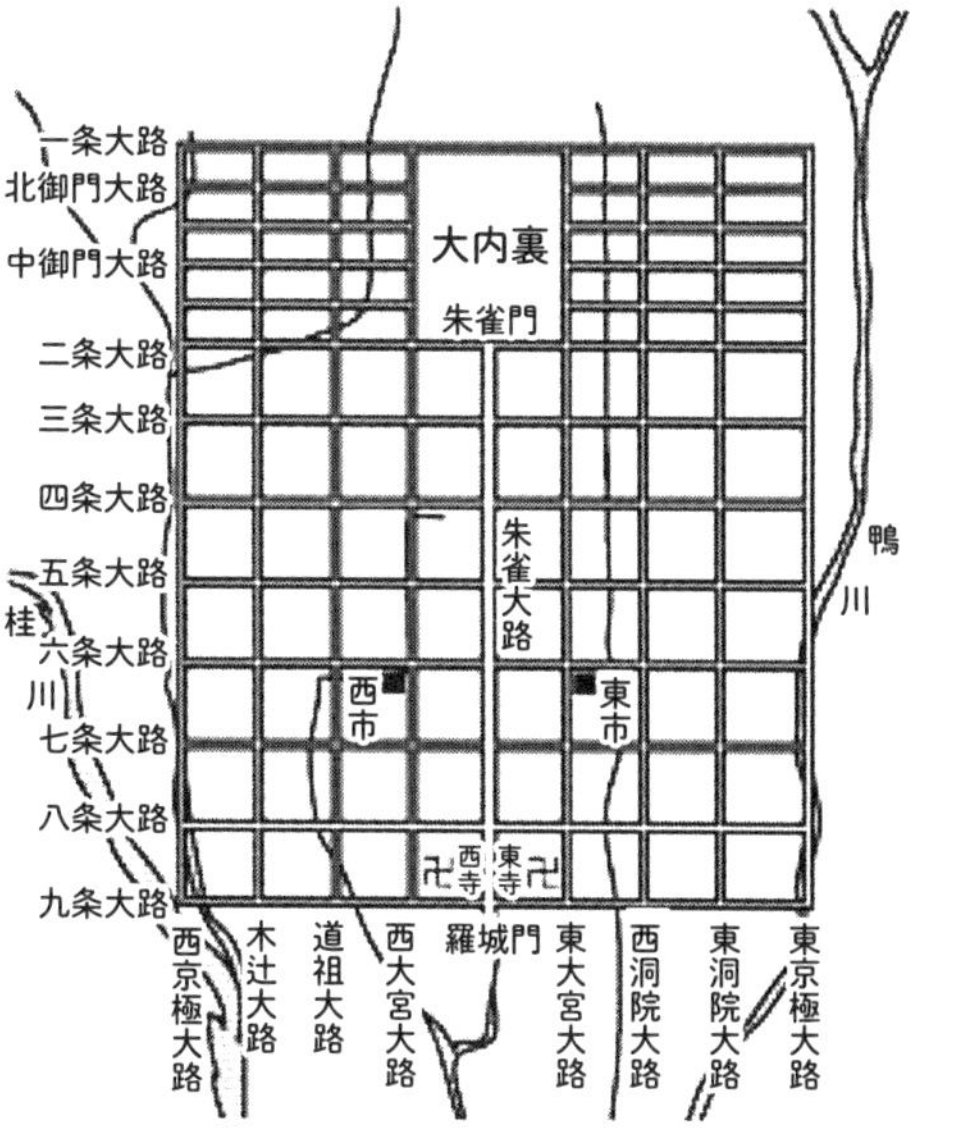

聖徳太子の十七条の憲法にも「和を以《も》って貴《とうと》しとなす」とあるように、日本人は和（＝輪＝環）をとても大切にします。このことは日本人の意識のどういう特徴を表しているのでしょうか？

輪でも円でも、真ん中は「空＝からっぽ」です。しかし、その「空っぽ」のおかげで円が円として成立しているのです。無いものが有るものの存在を担保しているのですから、思えば「円」は不思議な存在です。

ところが、この真ん中が「空」であるという円の在り方が、実は日本という国の在り方そのものだと指摘する人もいます。フランスの記号学者ロラン・バルトは来日した時、東京について次のように書いています。

「私の語ろうとしている都市（東京）は、いかにも中心を持っている。だがその中心は空虚である。（中略）お濠によって防御されていて、文字通り誰からも見られることのないエンペラーの住む御所。

その周りをこの都市の全体が巡っている。（中略）この、不可視なものの可視的な形、

それは神聖なる〈空＝vide〉である」（ロラン・バルト著『表徴の帝国』より）

現代都市東京の中心にあって、お濠《ほり》に囲まれ緑の奥深くに静まる皇居を、バルトは「神聖なる空」と呼んだのでした。

今、航空写真で皇居を抱く都心部を上空から見ると、まるで縄文時代の「環状集落」がそのまま現代に再現されたような錯覚に陥ります。

東京の中心に、権力とは無縁の日本の精神的中心となられるお方がお住まいになり、その周りをオフィスビルがぐるりと囲んでいます。

空襲で焼け野原になり、すべてが更地になっ

©HIROYUKI_NAGAOKA/amanaimages

た後、ばらばらに引き揚げてきた人々が自然発生的に作り上げた都市が、これ（笑）。縄文集落の再現だったとは！　民族のＤＮＡは、そう簡単には変わらないものなのですね。

そういえば、日本の通貨単位が「円」であることも興味深い話です。明治四年に公布された新貨条例により、貨幣単位は「円」、補助単位は銭《ぜに》・厘《りん》と制定されました。江戸時代までの貨幣は、小判の楕円形、一朱金などの方形、寛永通宝などの円形と、形もさまざまでしたが、欧米のコインに倣《なら》って円形に統一されました。さしたる混乱もなく「円」が定着したのも、輪や円を好む日本人のＤＮＡに合っていたからではないでしょうか。

面白いことに、辰野金吾《たつのきんご》設計の日本銀行本店本館の建物は、上から見ると漢字の「円」になっています。当時使われていた漢字が、円の旧字「圓」であったことを考えると、意図したわけではなさそうです。だとしたら、偶然「円」の形になったというのは不思議というほかはありません。

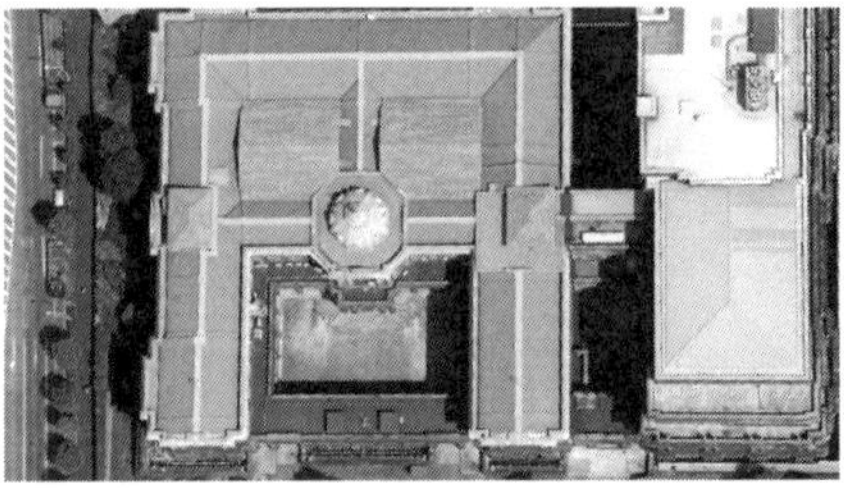

上空から見た日本銀行本店本館。
「円」の形になっています（現在は重要文化財）。偶然にしては出来すぎですね（笑）。

東京という都市の在り方が象徴しているように、日本人には中心に「空」を持つ心性、すなわち「中空構造」があります。この「中空構造」が日本人の行動に大きく、深く影響しているのです。

よく「日本人は何でも無節操に受け入れる」とか「加工は得意だが、オリジナルがない」「偉大なリーダーがいない」と、まるでそれらが日本人の欠点であるかのように言われます。しかし、実はこれこそが「中空構造」の「中空構造」たる素晴らしい特徴なのです。

どういうことでしょうか？

歴史を振り返ると、日本には仏教、キリスト教、あるいはイスラム教など、いろいろな宗教が入ってきましたが、西洋のような大規模な宗教戦争は起きませんでした。

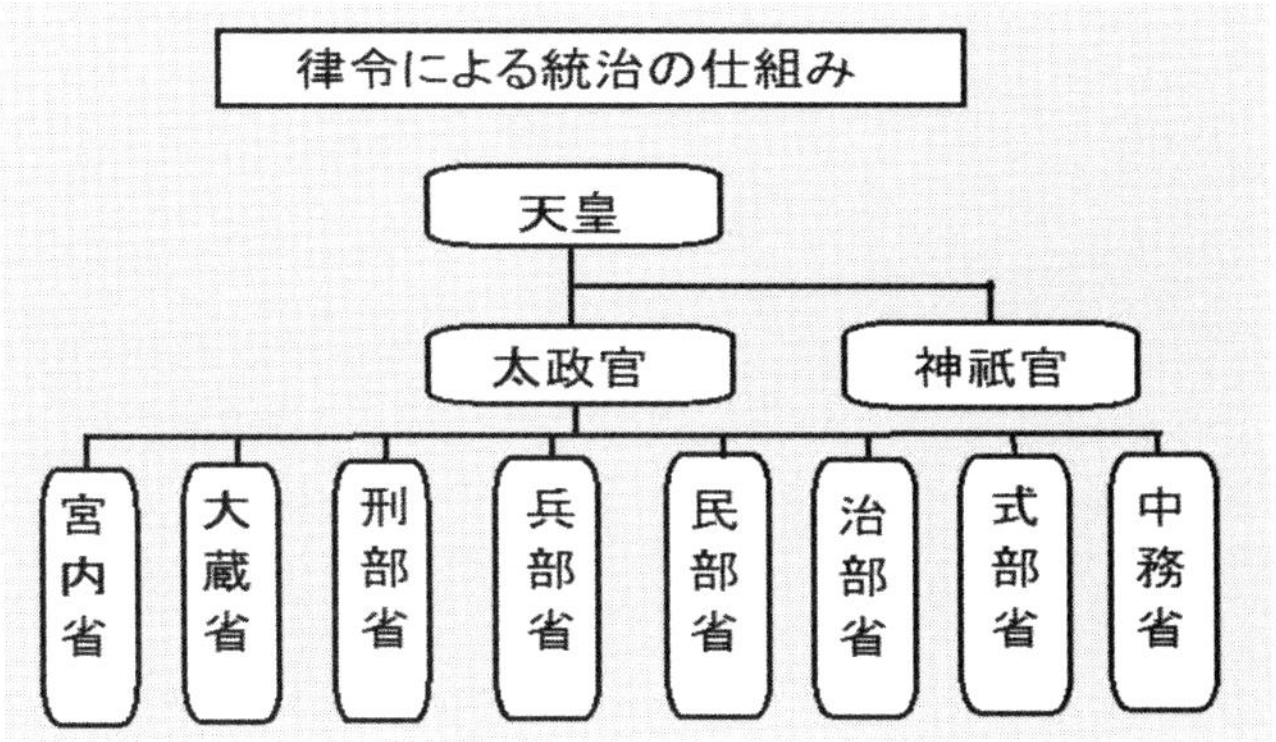

宗教の背後に外国の影を察知した時の為政者による弾圧はありましたが、教え自体は時とともに日本の社会に溶け込んでいきました。

それも原形をとどめない形ではなく、ちゃんと仏教は仏教、キリスト教はキリスト教として社会の中で共存しているのです。まさに何でも受け入れる「中空構造」のなせる業だと思います。

しかし、だからと言って、なんでも無節操に受け入れているわけではありません。

飛鳥・奈良時代には隋・唐文化の影響を受けて、国の制度も唐の律令制度を導入しましたが、ある本質的な部分を日本式に変更しているのです。

下の図は日本の律令制度です。

どこが唐の制度と違うかというと、唐では各省の上がいきなり「皇帝」になります。まさに皇帝が万乗《ばんじょう》の君《きみ》として国家制度の頂点に君臨しているのです。

日本は違います。

直接行政を担当する部分に太政官（左大臣、右大臣、大納言）を置き、さらに唐の制度では下にあった祭礼祭祀を司《つかさど》る礼部尚書というポストを「神祇官《じんぎかん》」として格上げし、太政官と並ぶポストにしています。

つまり、唐では皇帝が行っていた政治を日本では3人の太政官が行い、天皇は組織の頂点に君臨しているものの、実際は行政組織の枠から離れ、神祇官としての役割を担っていたのです。

この組織図を見ると、律令制度のもとでは天皇は政治にタッチせず、神事のみを行っていたことが分かります。

このように、進んだ国から制度を受け入れる時でも、無批判に受け入れるのではなく、国情に合わせて巧《たく》みに取捨しているのです。ですから、宦官《かんがん》や科挙《かきょ》は日本に合わないので受け入れていません。

また、「発明しないで応用や加工ばかりしている」という批判も耳にしますが、これも入ってきたものを日本

ピラミッドと違い、人が集まれば簡単に輪ができる。
(干潟を守る日2009in泡瀬干潟泡瀬干潟を守る連絡会の写真より)

文化の中で揉《も》み込んで、オリジナルにはない物へと変化させる「中空構造」の特技なのです。

「中空構造」のお陰で、明治期に流入した西洋の文物も柔軟に取り入れ、アンパンのような日本文化と融合して今までにない物を作り出しています。こうした例は枚挙に暇がありません。

アンパンのようなハイブリッド製品が生まれるということは、「中空構造」はただの空っぽではないということです
それは、日本文化という酵母菌がびっしり詰まった「ぬか床」のような存在なのです。きゅうりやなすがぬか床の中で風味豊かに生まれ変わるように、ひとたびそこに入ったものは変容を遂げます。

オリジナルを超えるものを生み出せるのも、ぬか床的な働きを持った「中空構造」のなせる業《わざ》といえましょう。

「でも、日本には偉大なリーダーがいないよね」という批判も、国の内外から聞かれます。これも「中空構造」のせいです。

実は、日本の社会にリーダーがいないのではなく、「リーダーが必要ない」のです。ちょっとそばにいる人と手を繋いでください。「輪」ができますね。ピラミッドと違って輪を作るのは簡単です。リーダーがいなくても、繋がりさえすれば、いや、集まりさえすれば「輪」という座ができてしまうのです。

神話でも、天照大神《あまてらすおおみかみ》が天岩戸《あまのいわと》に隠れた後、岩戸前で神様たちが相談します。誰がリーダーということもなく話し合っているうちに天鈿女命《あめのうずめのみこと》が踊り出す……という流れです。出雲に集まる神様たちもワイワイガヤガヤ相談している感じで、けっして大国主命の命令で赤い糸を結んでいるのではないようです（笑）。

日本では、リーダーなしで物事が「なんとなく」決まっていきます。

これは参加者が自立していなければ、できることではありません。けっしていい加減ではないのです。

トップの命令に全員が従う「ピラミッド構造」の組織と違い、「中空構造」の日本の組織は参加者が話し合って物事が決められ、それを長《おさ》が承認して初めて実行に移されます。

「日本型意思決定」は、まず参加者全員の意識の自立が根底にあり、それに当事者意識と平等感が共有されていることが分かります。

危機的状況でも同じです。

あの東日本大震災の時の日本人の行動に、世界中が感動したことはまだ記憶に新しい話です。誰が言うともなく救援物資の配布にきちんと並び、誰から強制されたわけでもなく救援活動に従事する人々。ここには一人一人の中にある人間としての誇り、自立心、そして平等感が溢れています。

リーダーがいないことは、けっして社会の欠点ではありません。むしろリーダーなしで整然と動けるほど個人個人に高度な当事者意識とバランス感覚が発達した「成熟社会」が形成されている、ということなのです。

渋谷のスクランブル交差点を初めて見た外国人は、大変驚くそうです。

人の多さにではなく、これほど大勢の人が何のトラブルもなくスムーズに行き交うさまに驚愕するのだとか。高度なバランス感覚のお陰で、私たちが普通に交差点を渡る様子が、外国人観光客の人気スポットになるほど注目を集めているのです。

以下は、「日刊SPA＋」二〇一六年九月二八日号「日本人の知らない日本　第1回目：外国人の目がとらえた日本の印象」という記事からの抜粋です。

私たちが当たり前にしている行動が、外国人にはとても新鮮で、驚きに満ちた光景に映る様子がよく分かります。

「若者で賑わう街・東京渋谷。そのある雨の日――。

アメリカから来た老夫妻が、高層ビルのレストランで食事を終え、ふと廊下から窓の外を見下ろすと、ハチ公広場前のスクランブル交差点に、色とりどりの雨傘がひしめいて動いているのが見えた。

老夫妻は、その様子をしばらく見つめた後で、こう語った。

『私たち、こうするのが大好きなの。日本のことが一番よくわかるから。

雨の日、そしてことに渋谷のような大きな交差点。ほら、あちこちの方向へ動く傘をよ

渋谷のスクランブル交差点

く見てごらんなさい。

ぶつかったり、押し合ったりしないでしょう？

バレエの舞台の群舞みたいに、規則正しくゆずり合って滑って行く。演出家がいるかのように。

これだけの数の傘が集まれば、こんな光景はよそでは決して見られない』

日本人には『せかせかとした雑踏』としか見えないスクランブル交差点で入り乱れる傘の群れを、この老夫妻は「規則正しくゆずり合って滑って行く」日本人の姿として捉えているのだ」


今まで日本の欠点のように言われてきたことが実は独自の美点だった！　このことに気づくだけでも、日本社会を見る目が変わります。

昔から平等意識と自立性、そして「輪」という「中空構造」になじんできた日本人の意識のありようと、そこから生まれた生活の知恵や感性を、現代の私たちは思い出し、もっと自信と誇りを持ってもいいのではないでしょうか？

座り、立ち、歩く――この奥深い所作の秘密

「やっと歩けるようになりましたよ！」

ある男性がテレビ番組で嬉しそうに語っていました。別に足の怪我《けが》が治ったわけでもありません。能楽を習って七年目、その男性はようやく能の舞台の上を「正しく」歩けるようになった喜びを吐露《とろ》したのでした。

この男性は医師という職業柄、自分の技能習得の過程を大変客観的に観察していました。能を始めるにあたって、まず「正しく座り」「正しく立つ」ことを学ぶのですが、その過程で自分が普段いかにいい加減に座り、いい加減に立っていたかが分かったそうです。

みなさんも背中を丸めて座ったり、腰を後ろに突き出しながら立ったりしていませんか？

「座る」「立つ」という動作は、実は意外に難しいのです。

所作として正しく「座る」時は、右足を引き、お尻を出っ張らせることなく、垂直の姿勢を保ってゆっくりと「湖に小石を落としてすうっと消えていくように」座ります。「立

つ」時はそのまま「一筋の煙が立ち昇っていくように」すっと立ち上がるのです

立って座れるようになったら今度は「歩く」、すなわち「すり足」の練習です。「すり足」は膝を軽く曲げて、出ていく足に身体が乗っかるように全体的に動きます。腰は安定させて、足裏を見せないように歩きます。

こうした動作を「正しく」行うと正直きついです。翌日は筋肉痛になるほどです。というのも、「正しい所作」での座る・立つ・歩くは、すべて身体の深層筋、とりわけ上半身と下半身をつなぐ大腰筋《だいようきん》が発達し、さらに丹田《たんでん》に力が入っていないとできないからです。昔の日本人はそれが誰でもできていたのですから、凄いことです。

「ゆる体操」の創始者で運動科学総合研究所所長の高岡英夫《たかおかひでお》氏は、江戸時代の平均的日本人の身体意識が現代のアスリート級であることを解き明かしています。

重い荷が入った籠《かご》を天秤で担ぎ、細い坂道をすいすい歩く物売り。江戸・大坂間570kmを二日間で走る飛脚。高所でアクロバットのように作業する大工。こうした仕事が深層筋と丹田の発達と関係していることは、言うまでもありません。

下の写真は、不世出の日本舞踊家武原《たけはら》はん（一九〇三〜一九九八）の舞姿です。

その美しさから「人形が踊っているようだ」と言われた武原はんは、まるで浮世絵から抜け出てきたような艶《あで》やかな立ち姿です。でも、このポーズは深層筋と丹田が発達していないとできないそうです。

彼女は高岡氏が絶賛する、失われた日本人の高度な身体意識の数少ない体現者の一人です。九十五歳で亡くなりましたが、九十歳を過ぎても舞台に立ち続け、料亭も経営していた大変エネルギッシュな女性でした。年齢を重ねても股関節《こかんせつ》、膝関節《しつかんせつ》、足首の関節が柔らかく、しなやかな舞姿でファンを魅了し続けました。

芸事に限らず、書道、華道、茶道（もちろん武道も）など「道」の付くものには、それぞれの専門技術に通底する身体の使い方と呼吸法があります。

たとえば茶道にしても、歩く時はすり足で、座る時は「湖に沈む小石のように」、立つときは「一筋の煙が昇っていくように」振る舞うことがおのずと求められることでしょう。そして、息を整え、深層筋を使い、ゆったりと安定した座りの中から茶道の所作を行います。書道にしても、「正しく座って」墨をすり、丹田に力が入っていなければよい書を書くことはできません。

実は、日本独特ともいえるこれらの所作は、心身の健康にとても効果があるのです。「すり足」は歩く際に自然にできる深い息の出し入れで、全身の新陳代謝がよくなり、頭もすっきりします。

また、身体の軸がぶれていると、正しい「すり足」ができません。「すり足」をすると、自然と体幹部を意識し、股関節を中心に背筋や腹筋、深層筋を総動員するので、身体のバランスが左右対称に整い、肩コリや腰痛と無縁の身体になります。

日舞では「すり足」をしながら上半身は扇子で森羅万象を表現します。扇子を持って腕を上げ下げする動きも、肩甲骨《けんこうこつ》や肩関節回りの筋肉を柔軟にし、衰えを防ぐのです。

深い呼吸と深層筋の発達。

これが日本の「道」とつくすべてに共通する要素、と言えるのではないでしょうか。

すでにそうした身体意識を身に付けていた江戸時代の人々は、「道」のつく習い事を通してさらにそれに磨きをかけたのです。

冒頭で紹介した、能楽を習っている医師はこう言っています。

「昔の日本には漢方や西洋医学に匹敵するような医学はありませんでした。それは劣っていたというより、必要がなかったと言ったほうがよいかもしれません。日本では、座り、立ち、歩く、という日々の所作がそのまま呼吸法であり健康法であるという、高度に合理的な身体操法が人々の間で当たり前に共有されていたのです」

よく、病弱な子供に武道を習わせたら風邪を引かなくなった、という話を聞きます。

これなどはまさに正しい身体使いを学んだ結果だと言えます。もちろん昔の人もお腹を壊せば薬草を煎《せん》じて飲み、怪我をすれば手当をしたことでしょう。けれども普段から丹田呼吸をし、深層筋を使っていれば怪我もしにくいでしょうし、病気にもなりにくいことでしょう。

最近、有名アスリートたちの「体幹《たいかん》開発法」の書籍が次々と出版されていますが、それはかつての日本人が当たり前に身に付けていた身体の使い方を、私たち現代の日本人が忘れ、健康に不安をかかえているせいかもしれません。

アスリートたちの「体幹トレーニング」を目新しがっている今の私たちを見たら、ご先祖たちはきっと笑い転げることでしょう。なぜって、この写真を見てください。


私の父の郷里、酒田ではかつて女仲士という荷担ぎを生業《なりわい》としている女性たちがいて、米沢や山形方面から川船で運ばれた荷を、倉庫まで運んだそうです。

彼女たちは大層力持ちで、60キロの米俵四俵を背負って運んだといいます。

次ページの写真（上）は平原直著『物流史談　物流の歴史に学ぶ人間の知恵』（流通研究社）よりのものです。

下の写真は一九六〇年代頃まで都内で早朝よく見かけた担《かつ》ぎ屋さんです。

千葉方面から野菜をたくさん背負った女性たちが、ラッシュ時に山手線のような都心の電車に大勢乗り込んできたものでした。

駅にエスカレーターやエレベーターなどがない時代、彼女たちは時には自分の背丈ほどの高さの荷物を背負って駅の階段をすいすい上り下りしていたのです。驚くべき身体能力

にっぽり

といえます。

このように、今の私たちから見れば超人と思える身体操法を、ほんの五、六十年前までごく普通の日本人が当たり前に身に付けていました。

今、私たちは「健康ブーム」の中で改めてそれを再発見しつつあるようです。生活の欧米化と引き換えに、何だかとても尊いものを失ってしまったのかなぁと思うのは、私だけでしょうか。

夏こそ着物を――「まなざしの美学」とともに

地球温暖化と言われ、暑すぎる日が続くと、クールビズを通り越してTシャツやタンクトップで出勤したいと思っている人もいるのではないでしょうか。

着物好きの人でも、「夏は暑くて」と着ない方がいますが、反対に「夏の着物が大好き」という方もいます。そういう方はきっとお洒落《しゃれ》の上級者なのでしょう。

夏の着物を敬遠する理由の一つは、汗。

背中は言うに及ばず、額や鼻の頭から汗がダラダラでは、せっかくのお洒落が台無しです。見るほうも暑苦しくなっ

涼しい顔で暑い夏の京都で街歩きをする舞妓さん

てしまいます。

　でも、舞妓さんたちは暑い京都の夏にあの重装備で涼しい顔をして街を歩いていますね。

　なぜでしょう？　もちろん慣れもあるかもしれませんが、それだけではありません。汗をかきにくくする「秘策」があるのです。

　方法は簡単。両脇の下の第六肋骨あたりから胸回りを強めに圧迫すれば、上半身の汗がかきにくくなるのです。これには「半側発汗《はんそくはっかん》」という科学的な根拠があります。

「半側発汗」とは、皮膚圧反射を利用した、上半身の汗を抑える最も効果的な方法の一つです。

　身体の片側に圧を加えると、反対の片側だけが発汗するという原理を利用したものです。

　芸妓さんや舞妓さんが胸高に帯を締めて夏でも涼しい顔をしているのは、この原理を応用しているのです。上

半身を締め上げ、顔の汗を抑えることで化粧崩れも防げる、というわけです。この原理を応用するかしないかで、汗のかき方に大きな差が出ることはいうまでもありません。

着物は日本の民族衣装ですが、単に身にまとう「衣装」であるにとどまらず、いろいろな「美学」が詰まっています。今回はそこに少しだけ触れてみることにしましょう。

夏の着物と言えば、絽《ろ》と紗《しゃ》が浮かびますね。

絽は、縦糸数本おきに横糸を捩《よじ》って隙間を作りながら織り上げていきます。紗は、二本の経糸で横糸一本ずつを絡めて織り上げていくので、絽よりも透け感がありますが、着物の格としては絽のほうが上だそうです。

この透ける着物は、炎天下で出会うと眼福《がんぷく》ともいえる格調高い涼感を感じさせてくれます。しかし、いくら「半側発汗」を活用しているとはいえ、浴衣《ゆかた》と違い、長襦袢《ながじゅばん》の上に重ねているのですから、暑いことには変わりがありません。

もっと涼しく着る工夫もあるのではないかと思ってしまいますが、実は、そこに自分の着心地より、見る人の目をもてなす「まなざしの美学」が働いているのです。

絽の着物

紗の着物

桜の季節にほんの少しだけ先駆けて桜をあしらった着物を着る。秋の気配を感じ始めると紅葉《もみじ》模様の帯を締めてみる。こうした着物のお洒落にも「まなざしの美学」が表れています。

「まなざしの美学」では、「装い」とは相手に見られることによって、相手の視線上で完成するものなのです。相手の脳内に自分が思った通りのイメージが届けられた時、その装いは成功したといえるのです。

日本人がキンキラのいわゆる成金趣味を嫌うのは、そこに他者のまなざしへの配慮がないからです。自分が着たいもの、見せびらかしたいものだけをまとっても、そこには「着る者」と「見る者」の感性のコミュニケーションがありません。ましてや、「まなざしをもてなす」などという美的センスは皆目感じられず、単なる「自己主張」にしか映りません。

あらゆる関係は、一方が消えるともう一方も消える。物理学でいう「対生成《ついせいせい》」であると意識の深いところで了解している日本人にとって、ファッションの領域でも相手にどういう印象を与えるかがとても重要なことなのです（対生成については五章で詳しく触れています）。

これは「主体性がない」ということではなく、日本的な認識構造では相手がいて初めて物事が成り立つので、相手のまなざしを意識することは当然のことなのです。

ですから、たとえ高価な着物をまとっても、TPO（時・場所・場面）をわきまえなかったり、これ見よがしだったりすると、それは「みっともない」格好と言われるのです。

「みっともない」とは「見とうもない」からきています。相手のまなざしに不快感を与えるものは、相手が「見たくもない」のです。それは装いをはじめ、行動を評価するときの判断基準の一つになっているのが、日本の面白いところではないでしょうか。

最近、花火大会など夏のイベントで若い人たちが着物を着て参加する姿をよく見かけます。浴衣姿のカップルが肩を並べている様《さま》は微笑《ほほえ》ましいものです。けれども浴衣が単なるイベント用のコスチュームに終わることなく、着物に秘められた美学とともにふたたび生活に根づいてほしいと思うこの頃です。

なぜなら、日本では「まなざしの美学」をわきまえることが、大人の条件の一つなのですから。

第四章

日本人だから」感じられる「自然」の力

桜の「さ」は、どんな意味？

春の気配を感じる頃になると、私たちは「桜前線」の行方《ゆくえ》が気になります。やれ、今は九州、本州まであと一週間、じゃあ週末はお花見だ！　など、日本中が開花情報に振り回され、気もそぞろ。

ヨーロッパでも「ホワイトアスパラガス前線」があり、温暖なスペインから始まり、フランス、ベルギー、オランダ、ドイツと北上していきます。ヨーロッパの人たちはホワイトアスパラガスが市場に出回る頃になると、春の訪れを感じるのですね。

それにしても、日本人の桜への思いには何か特別なものがあるような気がしませんか。満開の花を楽しむだけなく、三分咲き、七分咲き、また散りゆく姿にもうっとりしてしまう日本人。

なぜ、私たちはそれほどまでに桜を恋焦《こいこ》がれてしまうのでしょう。そこに、縄文以来私たちのDNAに刻み込まれた「思い」と「行動」が見えてくるように思います。

ずっと昔、私たちのご先祖はこんなふうに考えていました。第二章の「母音と『父韻《ふいん》』」の項目でお話ししたように、子音は一音でも一つの言葉であり、多くの意味を持っていて、「さ」には「神様」という意味もありました。それも「〇〇〇〇命」と言った『古事記』に登場するような人格神ではなく、万物を活かし育《はぐく》む自然の力を、素朴な畏敬の念を込めてそう呼んだのでした。

春になると、山から「さ」という名前の神さまが里に下りてきます。「桜」が咲くとは、「さ」の神様が降臨したしるしなのです。

そこで農民たちは桜の根元に酒（さ・け＝神の餉《け》）や食べ物を供えて、里に降り立ってくださった感謝を捧げ、豊作を祈り

ヨーロッパの春を告げる
ホワイトアスパラガス

日本の春を告げる桜

ました。素朴でささやかな神行事の後、みんなでお供えした酒や食物で、豊作の前祝いの宴会をしたのです。これが「お花見」の始まりです。

最近のようにどんちゃん騒ぐお花見は江戸時代からだと言われています。神様に感謝したり、豊作を祈るという本来の部分はすっかり抜け落ちて、「直会＝なおらい」だけになってしまいました。「さ」の神様もさぞ苦笑していることでしょう。

山から下りてきた「さ」の神様が座してお鎮まりになる場所を「くら＝座」と言います。「さ＋くら」――そう、桜とは「さ」の神様がお出《い》でになる場所（＝くら）という意味なのです。

桜は神様なので、散る時も「神様がお帰りになった」と言ってお見送りします。散る桜にも風情を感じてしまう私たちの感性はこの辺からきているのでしょう。

やがて、桜の花が散り終わると、「さ」の神様は田んぼに降り立ち、「皐月」（さ・つき＝神様の月）が始まります。

「田の神様」「田母神様」というのは、「田んぼに降り立った『さ』の神様」という意味です。五月晴れのもとで、「早乙女」（さ・おとめ＝神様の乙女）たちが早苗（さ・なえ＝神様の苗）を植え、稲作が本格的に始まります。
このように、「さ」の神様は日本人の生活と切り離すことのできない存在でした。
ちなみに「さ」が付く言葉のほとんどは「さ」の神様からきています。
地名では
さ・がみ（相模）
さ・つま（薩摩）
と・さ（土佐）
さ・ぬき（讃岐）など
一般名詞では
さ・け（酒＝神様の食べ物）
さ・かい（境＝神様と人間のいる場所の境界）

田植えをする早乙女たち。今は機械で田植えをするので、早乙女による田植えは観光イベントになってしまいました。

さ・とる（悟る＝神様の気持ちが分かる）
さ・ばく（裁く＝神様が定める）など

興味深いことに、日本在住の言語学に詳しいカナダ人のある司祭によると、〝s〟の音は、世界中のすべての言語に存在する普遍的な音だそうです。にもかかわらず、幼児にとっては発音しづらい「大人の音」でもあります。

わが家の子供たちも小さい頃、「さむい」を「たむい」、「おさかな」を「おたかな」と言っていました。子供が「おかあさん」と言いにくくて「おかあたん」という例もありますね。

ともあれ、この普遍的な〝s〟を含む最も基本的な音である「sa＝さ」を、私たちのご先祖は万物をつかさどる神様を表す言葉に選んだのでした。

これからは、お花見でただ飲んだり食べたりするだけでなく、桜の語源に思いを馳《は》せて、少しでも「さ」の神様に感謝をささげるようにしてください。

きっと神様もそういう人々を祝福してくださることでしょう。古代日本語で「神様が祝う」ことを「さ・いわい＝幸い」というくらいですから。

郵便はがき

料金受取人払郵便

牛込局承認

9026

差出有効期間
2025年 8 月
19日まで
切手はいりません

1 6 2-8 7 9 0

東京都新宿区矢来町114番地
神楽坂高橋ビル5F

株式会社ビジネス社

愛読者係 行

ご住所 〒 TEL: ( )　　FAX: ( )			
フリガナ お名前		年齢	性別 男・女
ご職業	メールアドレスまたはFAX メールまたはFAXによる新刊案内をご希望の方は、ご記入下さい。		
お買い上げ日・書店名 年　月　日　市区町村　書店			

ご購読ありがとうございました。今後の出版企画の参考に致したいと存じますので、ぜひご意見をお聞かせください。

書籍名

お買い求めの動機

1　書店で見て　2　新聞広告（紙名　　　　　　　　　）

3　書評・新刊紹介（掲載紙名　　　　　　　　　）

4　知人・同僚のすすめ　5　上司、先生のすすめ　6　その他

本書の装幀（カバー），デザインなどに関するご感想

1　洒落ていた　2　めだっていた　3　タイトルがよい

4　まあまあ　5　よくない　6　その他(　　　　　　　　　)

本書の定価についてご意見をお聞かせください

1　高い　2　安い　3　手ごろ　4　その他(　　　　　　　　　)

本書についてご意見をお聞かせください

どんな出版をご希望ですか（著者、テーマなど）

「桜」というと、必ず思い出す原風景があります。

それは山形県酒田市から臨んだ鳥海山麓《ちょうかいさんろく》の桜です。父の実家に初めて行った小学三年生の春、いとこたちに連れられて田んぼの脇の堰《せき》に遊びにいきました。

しばらく田舎道を歩き、「こっちさ田んぼだ」と言って案内された場所に立つと、いきなり鳥海山がバーンと目に飛び込んできました。

五月初めの青空に、薄紫色に浮かび上がる鳥海山は頂上付近にはまだ白い雪が残り、威《い》風堂々《ふうどうどう》とそびえています。何キロ先かは分かりませんが、ずーっと麓《ふもと》まで見渡す限り水田が続いていました。

そのはるか彼方《かなた》、水田と山麓とがぶつかる境に、東北の遅い春を待ち焦がれていたかのような満開の桜並木が延々と続いているのです。目を凝《こ》らすと、桜並木の根元に菜の花でしょうか、黄色い花が群れています。

玲瓏《れいろう》と澄み切った青空、雪を頂く鳥海山、ピンクの桜、黄色い菜の花、そして点在する木々の緑、田植えの予感をはらみつつ、鏡のように静まりながら太陽を映す水田……。

「わ〜っ!!」

私は、見たこともない絶景に思わず叫んでしまいました。

そこへ、秋田方面に向かう蒸気機関車の黒い車輌が長い客車を引き連れ、煙を吐きながら桜並木の前を通り過ぎていったのです。

絵のような光景でした。今もはっきりと脳裏に刻まれた、私の「桜」の原風景です。

写真は近年の鳥海山と桜。

私が見た桜と水田はこんなものではありませんでした（笑）。

水を湛《たた》えた田が幾何学的に区切られていて、壮大なスケール感があり、とても美しかったのを子供心に覚えています。

「菌」労感謝、していますか？

「国花」は菊と桜、「国鳥」は雉《きじ》、「国技」は相撲。

では「国菌」は？　そんなものあるの？　と訊《き》かれそうですが、あります。

二〇〇六年、日本醸造学会が「麹菌《こうじ》」を「国菌」と認定したのです。和食に欠かせない醬油、味噌、酒、みりん、米酢、鰹節は、すべて麹菌によって造られる日本独特の発酵食品です。

発酵学者小泉武夫《こいずみたけお》氏によれば、平安時代にはもう「種麹屋《たね》」があったそうです。微生物だけを商《あきな》うビジネスとしては、おそらく世界最古ではないでしょうか。

しかも灰を使って純粋に麹菌だけを取り出すという、驚くべき高度なテクニックを使っていました。中国などアジア諸国で使われる麴は、クモノスカビや毛カビなどさまざまな微生物が混在した団子状の「餅麴《もち》」と言われるもので、性質も日本の麴とは異なります。

二〇一三年に日本の伝統的な和食がユネスコの無形文化遺産に登録されました。その根幹にはこの麹菌を使った味噌、醤油、納豆、漬物、日本酒、酢といった「発酵食品」があります。これらが日本人の腸内細菌叢《そう》を造ってきたと言っても、過言ではありません。

アミノ酸とブドウ糖の塊《かたまり》である発酵食品は、江戸時代には健康増進のために用いられていました。

夏の季語である「甘酒」は、現代でも「飲む点滴」と言われるほど滋養があり、夏バテ防止に飲まれていました。当時の人は滋養強壮のために、豆腐の味噌汁に納豆を入れ、油揚げを山盛りにして朝晩食べていたそうです。

発酵をメカニズムから見ると、とても面白いことに気がつきます。

左が中国の餅麹、右が日本の麹

まず、発酵の世界では菌同士の「個」の境界が曖昧《あいまい》になります。それは発酵という現象が個別の菌の働きで起こるのではなく、何億何兆という微生物が集まってはじめて可能になる現象だからです。だからと言って、「質より量が大切」という話ではありません。発酵は「量がないと質が生まれない」世界なのです。

発酵の世界では、菌は「烏合《うごう》の衆《しゅう》」ではありません。無数の微生物がまるで一つの意識を持っているかのように、半ば自律的に活動するのです。しかし、放置しておけば腐敗し、人間など外部からの適度な関わりによって、さらに成長と熟成を続けていくという不思議な特徴があるのです。

たとえば糠漬けは、こまめにかき回さないと変なにおいがしたり、時には糠床が「死んで」しまいます。かといって過干渉もよくありません。まるで子育てのように「良い塩《あん》梅《ばい》」で関わらないといけないのです。

この「塩梅」という感覚は、日本人独特のものかもしれません。相手との距離感や関わり方を考慮しつつ、その時々に絶妙なバランスを作り出そうという配慮は、まさに発酵食品を造る時の態度そのものです。

「アイデアを一晩寝かせる」「雰囲気を醸《かも》す」などの表現があることからも分かるように、

発酵という現象は、私たち日本人の意識や行動の中に思いのほか深く染み込んでいます。

ある学者が、外国の学会で京都の曼珠院《まんしゅいん》にある「菌塚」のスライドを英訳とともに紹介したとたん、会場は爆笑に包まれたそうです。石で作られた菌塚、つまり「菌のお墓」の裏には、次のような応用微生物学の泰斗で文化勲章受章者である坂口謹一郎《さかぐちきんいちろう》東大名誉教授の揮毫《きごう》による文章が刻まれています。

「人類生存に大きく貢献し、犠牲となれる　無数億の菌の霊に対し至心に恭敬して　茲に供養のじんを捧ぐものなり」

英訳：In memorial of the spirits of hundreds of millions of bacteria who have sacrificed themselves to contribute to the survival of humanity.

何事もテクノロジーで制御しようとする西欧的な学問の世界では、「菌の墓」という発想は、先端テクノロジーと相容《あいい》れない原始的なアニミズムのように映ったのかもしれません。

けれども、私たち日本人の多くはこの一文を読んで厳《おごそ》かな気持ちにこそなれ、爆笑する気にはならないのではないでしょうか。なぜなら、私たちは毎日口にする発酵食品を通して、「菌が生きている」と実感しているからです。そう、「菌の働きに感謝しなくては」と、素直に思えるのです。

西欧文化も、いつの日か菌に感謝する感性が芽生《めば》えるよう、正しく熟成してほしいものですね。

京都曼珠院の「菌塚」

日本人が変えた「米作り」、「米作り」が変えた日本人

伊勢神宮には、神様にお供《そな》えするお米を昔ながらの自然農法で育てている3ヘクタールほどの神田《しんでん》があります。

初夏に差し掛かる頃、田植えがありますが、若く弱々しい苗はちょっとした雑草にも栄養を奪われてしまうので、30センチくらいに生長するまでは、一枚の田んぼで三回は草取りをしないといけないそうです。十月に入り、収穫が終わると今度は田を深く掘り起こして、土に新鮮な空気と日光を吸収させながら肥料を施します。

耕耘《こううん》と呼ばれるこの作業を四、五回は繰り返すのです。田植え、炎天下の草取り、収穫後の耕耘。私たちの先祖はこういう作業を何千年も前から続けてきたのでした。

日本神話で、天照大神《あまてらすおおみかみ》が孫の瓊瓊杵尊《ににぎのみこと》が地上に降りる時に稲を渡し、これを地上で栽培するように言われた、というくだりがあります。以来、米は日本人の大切な食糧として今日まで続いています。

たしかに、米は日本人の身体にあった食べ物のようです。明治時代に日本に滞在したドイツ人医師のベルツは、日本人の強靭《きょうじん》な体力に驚き、その原因を探ろうとある実験を行いました。

ベルツが東京から日光まで人力車で行った時、車夫は休みも取らずに十四時間半で着いてしまったのです。驚いたベルツは車夫を二人雇い、三週間彼らの食生活を調査しました。すると、彼らは米、大麦、芋類、粟、ゆり根などの「高炭水化物・低蛋白・低脂肪」という、西洋人の常識からは考えられないようなきわめて粗末な食事をしていたのです。

そこで今度は、肉類など「高蛋白・高脂肪」の典型的な西洋式の食生活に切り替え、毎

伊勢神宮の神田にて稲の刈りはじめの「抜穂祭」

日80キロの人を乗せて40キロメートルを走らせたところ、三日目で疲労が激しくなり、米を中心とした元の粗食に戻してほしいと車夫が訴えてきました。やむなく元の食事に戻したところ、また元気に走れるようになりました。

こうした実績を通して、ベルツは日本人にはドイツ式の栄養学はまったく当てはまらず、米を中心とした日本食が一番身体に合っている、ということを確信しました。

また、ベルツは「女性においては、こんなに母乳の出る民族は見たことがない」とも記しています。米を中心とした「高炭水化物・低蛋白・低脂肪」の食事がいかに日本人の身体に合っていたかが分かります。

しかし、残念なことに、明治政府はベルツの研究成果を無視して、ドイツ式の栄養学を取り入れていったのでした……。

このように、日本人の身体は米食で作られてきたと言っても、過言ではありません。

でも、おかしいですね、稲はもともと熱帯、亜熱帯の植物です。苗は摂氏八度以下になると生育が止まり、氷点下1度になると枯れ死してしまいます。それがどうして日本で、特に寒冷な東北地方で盛んに栽培されるようになったのでしょうか？

東南アジアで作られるインディカ米は、背丈があり、場合によっては2メートル以上にもなり、湿地帯や沼でも育ちます。周囲に雑草が生えても稲のほうが背が高いので、日光が遮《さえぎ》られて生育が邪魔されることがありません。

肥料を施すと背だけ高く伸びて倒れてしまうので、インディカ米の場合は肥料をやらないほうが収穫が増えるのです。荒っぽく言えば、インディカ米は手を掛けないほうがよく育つのです。

ジャポニカ米は、まったくその逆です。人工の灌漑《かんがい》田は沼のように深くないので、背丈の低い稲のほうが適しています。が、背丈が低い分、雑草に太陽を遮られて衰弱し、枯れ死してしまうのです。

そのため、田草取りは欠かせません。苗を田に植える時も一定間隔でないと栄養が吸収されにくくなります。そして、無事収穫してもそれで終わりではありません。今度は次の田植えに備えて耕耘する作業が待っています。

とはいえ、こうした手間だけが日本に稲作を定着させたわけではありません。もっと根本的なことがあったのです。もっと根本的なこと？　いったいそれは何だったのでしょうか？

誤解を恐れずに言えば、それは「国土改造」です。

急峻《きゅうしゅん》な山岳地帯が多い日本の国土では、東南アジアのように平地や沼地がそのまま田んぼとして使えるわけではありません。山間の傾斜地を削ったり、盛り土をして水平にしなければならないのです。そして、近くの川から水路を造り、田に水が流れ込むようにします。田は何段もあるので上の田から下の田へと水が流れるようにするには、水路の深さや幅に応じて傾斜角度を正確に割り出して設計しなければなりません。

狭い日本の国土ではこうして人工的に灌漑田を造成しなければ米作りができなかったのです。

神話にも「狭田《さなだ》」や「長田《ながた》」に稲を植えたという記述

叡智の結晶、日本の棚田

が残されています。

現代も残る、上田、中田、下田、真田、窪田《くぼた》、細田などという苗字は、まさに段々に造られた田んぼや、狭い土地や窪地に作られた田んぼを彷彿《ほうふつ》とさせませんか？

灌漑田を造るためには、精密な土地測量技術、土手や畔《あぜ》を造るための土木技術が必要です。当然これは個人でできるものではないので、田を造成するためには、共同体の運営技術も必要になってきます。米作りは、言ってみれば、農業テクノロジーの総合システムなのです。

昔の日本人は米作りのために、国土の改造から始めたのでした。そしてこの造成された国土は、のちに「里山」と呼ばれる自然と人間のコラボ環境として、日本人の心の原風景となっていったのです。

国土を改造してまでも米作りを受け入れた日本人。また、日本に導入されたことによって、一大農業システムとして社会構造まで変えてしまった米作り。それはまた、日本人の意識のあり方をも大きく変えていきました。

灌漑という人工的な要素を稲作に取り入れたことにより、農業に「考える」という要素が加わりました。

堤防や水路造りの土木技術、苗の植え方、草取りや施肥のタイミング、天候や土壌についての知識が必要となり、先を見ながら、また現状を見ながら、農作業を進めたのです。

当然、字も読めなければいけませんし、数学的知識も必要です。私の父は米どころ庄内平野の出身で、小学生の頃、冬こたつに入りながら植木算や面積の計算を「遊び」として解いていたといいます。いずれも農作業に必要な知識だったからです。

日本人は「地頭《じあたま》がいい」と言われますが、日常的にこうした知識を幼い頃から活用していたことも一因ではないでしょうか。

また、よく日本人は几帳面《きちょうめん》で清潔好きだとも言われますが、草取りや耕耘など、手の掛け方によって収穫に差が出てくることを体験的に知っているため、おのずとこまめに手足を動かす習慣が身についているからかもしれません。

戦後、ＧＨＱが「米を食べると頭が悪くなる」と、「パン食」を奨励し、今日に至っています。しかし、こうして米作りの歴史をたどってみると、はたしてそれが正しかったのかと、考えてしまいます。

米作りで培《つちか》った知恵、ベルツが驚いた米食を中心とした粗食で強靭な体力を発揮していた昔の日本人を思うと、改めて米と日本人の関係の深さを思わないではいられません。

第五章

自と他——「敵」も味方に

ナンバー1よりオンリー2

「あなたはわたし　わたしはあなた」

これは何だと思いますか？　詩の一節ではありません。マヤ人たちの「こんにちは」のあいさつなのです。道で人とすれ違った時、マヤ人たちは互いにこう言いあったのです。

「あなたはわたし　わたしはあなた」

素敵なあいさつですね。マヤ人たちが現代の私たちと違った世界観で生きていたことが分かります。

いったい、マヤ人たちはどんな世界観を持っていたのでしょう？

簡単に説明しましょう。まず、丸いボールをイメージしてください。ボールは回転するので、球体の上に点を書いても、上下左右縦横という言葉で点の位置を固定的に示すことはできません。

マヤ人たちは時空間をそのような球体の存在として捉え、人間はその表面に置かれた点だと考えていました。球体の上下をひっくり返せば、上にあった点は下になります。つまり、どこにあろうと球体の表面ではすべての点は「平等」なのです。

あるのは個体差だけ。だから「あなたはわたし　わたしはあなた」になるのです。それはまた、「わたし＝あなた」という自他一体の感覚でもあります。

現代の私たちとなんとかけ離れた感覚でしょう。

私たちは「自分」という存在を身体という個体と同一視し、他人とは別の存在だと考えています。けれどもマヤ人たちは違うのです。

彼らは自分のアイデンティティの源泉は「身体」にはなく、自分と他者を一対の構造として認識する「意識」にある、と考えていたのです。

他者と一対になっている自分——これは物理学でいう「対生成《ついせいせい》」という考え方に似て

います。対生成とは、量子力学の用語でざっくりいうと素粒子《そりゅうし》と反粒子《はんりゅうし》の対《つい》が同時に作られる現象で、一方が消滅するともう片方も同時に消滅する（それを対消滅《ついしょうめつ》と言います）関係にあります。

ここでは常に二つで一つ、どちらかが欠けたらその関係自体が消滅する「自他一体」の関係を表す比喩として使っています。「あなたはわたし　わたしは　あなた」とは、まさに「対生成」のような関係なのです。

はたして現代社会を生きる私たちは、そんなふうに自分と他人を捉えているでしょうか？　自分と他人は離れ離れの孤立した存在だと、当たり前のように思っていませんか？最近ではその「自分」すら誰だか分からない、という感覚に陥《おちい》り、「自分探し」を始める人も大勢います。

では、「自分探し」をする自分は、いったい誰なのでしょう。まるで道端の石ころのように「自分」がどこかに落ちているとでも思っているのでしょうか？

こんな悲喜劇が起こるのも、私たちが自分と他人を「対生成」の関係にある存在として認識していないからに他なりません。

自分と他人は二つで一つ。

「対」とはそういう関係ですが、誤解しないでいただきたいのは、「一対」は「一組」とは違うということです。

「一組」とは、鉛筆二本一組、乾電池二個一パック、というように、同じものをひとまとまりにしたものです。ですからバラバラにしても、鉛筆は鉛筆のままで、ただ一本の鉛筆に戻るだけです。

それに対し、「一対」は夫婦のようにどちらかが亡くなったり別れれば、夫と妻という関係はなくなります。また、手足を見れば分かるように、「一対」という関係はそれぞれ違った働きを持ち、双方が合わさって初めて機能するようにできています。

たとえば、二本の手が両方とも左手だとイメージしてみてください。

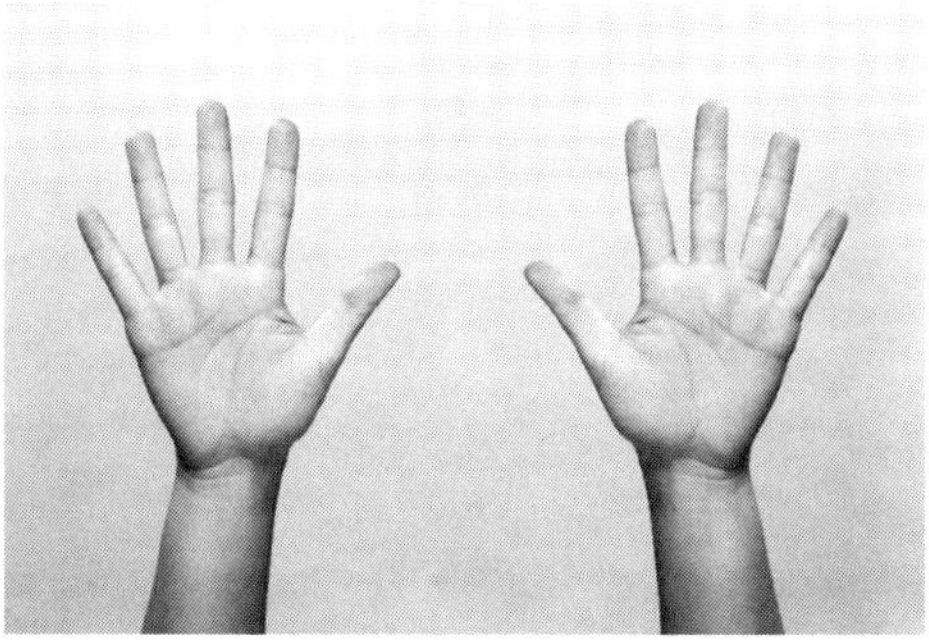

両方とも同じ向きだったら……。使えませんね（笑）。

両方とも左手だったら、柏手を打つことも、ご飯を食べることもできませんね。右手と左手が違う機能を持ち、補い合って働くことで初めて「手」として機能するのです。

「一対」とは本当に不思議な関係です。

違っているからこそ「一対」になれるのです。マヤ人は自分と他人の関係を両手のように対生成する「一対」という関係として捉えていました。他人とは、私と切り離された存在というより、違いを持ちながら、いいえ、違いを補い合いながら存在する自分の「片割れ」だと考えたのでした。

自分と他人は違います。

しかし、その違いとは役割の違いであり、互いに補い合うべき違いなのです。違いこそがお互いの価値であり、違いがあるゆえに一つになれるというわけなのです。

コーラスでもそうですね。ソプラノが美しいからといって、全員がソプラノになったら誰が低音部を歌うのでしょう。曲が滅茶苦茶になってしまいます。ソプラノ、アルト、テノール、バスと、違っているからこそ美しいハーモニーが生まれるのです。

遠い昔のマヤ人たち、あるいはもっとほかの先人たちもそう考えていたのでしょう。

彼らは自分と他人との関係を「一対」と考え、両者の違いにこそ価値があり、違っているからこそ補い合い、補い合うからこそ一つになれる、という意識で生活していたのでした。

ところが現代では「人はみな平等」という時、先ほどの手のたとえで言えば、「全員が両方とも右手になっている人」というふうに考えがちです。そのため、左手がある人や「片方の右手がねじれて左手のような向きについている人は、その「違い」を非難されたり、いじめのターゲットにされたりします。

でも、本当は他人と私たちは役割が違うのですから、違っていて当たり前なのです。ジグソーパズルでも、全部のピースが同じ形だったら、全体は完成しません。みな自分と同じだったら社会は機能しなくなります。

「人はみな平等」というのは、お互いの違いを受け入れ、補い合う関係にあることを理解しあったあとに、はじめて出てくる考えなのです。

「世界に一つだけの花」というSMAPのヒット曲の歌詞に「No.1にならなくてもいい、

もともと特別なＯｎｌｙ Ｏｎｅ」という歌詞があります。でも世の中を支えている仕組みである「一対」に気づくと、オンリーワンならぬ「オンリーツー」が正しいのではないでしょうか（笑）。

実は凄《すご》い、「穢《けが》れ」という考え方

三月と言えば「ひな祭り」。

今は女の子のお祭りという印象の行事です。元は五節句のひとつである「上巳《じょうし》の節句」と言われていました。上巳というのは旧暦の最初の巳《み》の日、三月三日に当たります。明治になってから新暦の三月三日に引き継がれました。

古代中国（西暦二〇〇年頃）では上巳を忌《い》むべき日として、川辺で禊払《みそぎはら》いをしました。この上巳節が遣唐使によって日本に伝えられ、最初は帝《みかど》のために厄払いをしていましたが、平安時代には公式な宮廷行事として「上巳の節会」という宴会が行われるようになりました。

上巳の節会では水の流れる場所で盃《さかずき》を流し、盃が自分の前を通り過ぎるまでに歌を詠んだり、お酒を飲む「曲水《きょくすい》の宴」が行われたり、人形《ひとがた》で自分の身体を撫でて穢れを移し、それを川や海に流しました。これが「流し雛《びな》」の始まりといわれています。

上巳の節句が宮中で行われていた平安時代、貴族階級の子供たちの間で「ひいな遊び」が流行《はや》っていました。現在のおままごとのようなものです。「ひいな」とは「小さくて可愛いらしいもの」という意味があります。ひいな遊びで使われていた人形は、人の代わりに厄《やく》を受け入れてくれるものと考えられ、厄払いの流し雛として川や海に流されるようになりました。

宮中行事としての「上巳の節会」と、子供の遊びとしての「ひいな遊び」が年月とともに重なり合い、現在のような「ひな祭り」になったと思われます。

こうして見ると、「ひな祭り」は「禊」であれ、「厄払い」であれ、「穢れを清める」こ

とが本来の意味合いであったと言えましょう。桃の花をお供えするのも、桃に邪気を祓《はら》う力があると考えられたからです。

「穢れを祓う」という時、昔の日本人は「清浄VS穢れ」のように対立するものとして捉《とら》えていません。

「今、穢れている」ということは「元は清らかだった」のです。ですから、祓ってあげれ

ば清浄な姿に戻る、という暗黙の認識があります。

もともと神道ではすべての行事は「つみ穢れ」を祓うことから始まります。

「つみ穢れ」といっても、「つみ」は犯罪のような「罪」ではありません。神様からいた

だいた本来の素晴らしい姿を「包み隠している」ということなのです。「つみ」とは、「包

む身」を指しています。

いっぽう、「つみ穢れ」の「けがれ」も、「汚い」という意味ではなく、神からいただい

た神気（宇宙エネルギー）が枯れてしまった状態、つまり「気・枯れ」を指しているのです。

東洋医学では「怒・喜・憂・思・悲・恐・驚」の七つの感情が原因となって病気などの

「気・枯れ」が起きると考えます。面白いのは「喜び」も「気・枯れ」の原因と考えられていることです。

喜びは多ければ多いほどよいと思いがちですが、昔の人は過剰な喜びや快楽も神気を奪う「気・枯れ」と考えていました。

私たちも興奮して遊びすぎた後、どっと疲れ切ってしまうことはありませんか？ まさにエネルギーが枯渇した状態になりますね。「行き過ぎた快楽」も、「穢れ」と考えるところに、「穢れ」（「気」が「枯れる」）という概念の深さがあるように思います。

「穢れ」は、「気・枯れ」、すなわち神気の不足だとするなら、神気を補いさえすれば「穢れ」は清まることになります。では、どうやって清めるのでしょうか？

その方法は驚くほど簡単です。

なんと「感謝する」ことによって神気を増やすことができるのです。それも神様や仏様だけでなく、ご先祖や家族、あるいは植物などの生物、道具などの無生物、つまり森羅万象に感謝をするのです。

最近は「ありがとう」を何千回か言うと幸せになるとか、「感謝」が金運を引き寄せる、といった説が多くの人に支持され、関連書籍も多数出版されています。この背景には、「ありがとう」「感謝」という言葉のポジティブなエネルギーがネガティブなエネルギーを中和できるという考えがあります。

たしかにマイナス100のネガティブエネルギーにプラス100のポジティブエネルギーを足せば、プラスマイナスゼロになります。ポジティブエネルギーがプラス200だったら、(+200)+(−100)=+100で、それはもう、幸せいっぱいになるでしょうね(笑)。

「穢れ」を「清浄VS穢れ」という対立関係の中で見るのではなく、「神気(宇宙エネルギー)が満ちているか、それとも枯渇しているか」という視点から見る時、私たちはあることに気づかされます。

エネルギーが形象として現れる三次元世界では、上下、左右、前後、あるいは男女、清濁など、どうしても「極性」が出てきます。西洋的思考に慣れている現代人は、その極性を「対立」と捉え、時として片方を排除、あるいは否定すれば対立がなくなると考えがちです。

しかし、極性は固定的なものではなく、エネルギーの多寡《たか》の表れだったり、上下左右のように、物質が空間で存在するための必要なエレメントだったりするのです。

昔の日本人はそのことを知っていました。だから「穢れ」は覆《おお》い隠したり、否定したり、忌み嫌うことはないのです。ただ祓えばよいのです。

日本人の考え方は曖昧《あいまい》だと言われることがありますが、物事を固定的にとらえず、絶えず流動する位相と捉え、進化の方向に向かって事態を変えていくと物事が好転すると考えていたのです。


パンタレイ（「すべては変化する」という古代ギリシャの哲学者ヘラクレイトスの言葉）

諸行無常《しょぎょうむじょう》（『平家物語』の有名な一節　すべては変化するという意味）

古今の哲学や文学の中で結晶化された言葉が語る真理を、かつての日本ほど、軽やかに生活の中で実践していた民族はいないのではないでしょうか。

敵で「素敵」に

突然ですが、問題です。

「シンデレラ」と「忠臣蔵」の共通点は、何でしょうか？

簡単ですね。答えは「存在感のある敵がいること」。

気立ての良い美しい娘が、物分かりのいい継母《ままはは》と優しいお姉さんたちに囲まれて楽しく暮らし、王子様に見初《みそ》められて幸せな結婚をする、というストーリーだったら、「シンデレラ」は世界中の女の子を虜《とりこ》にする名作にはならなかったでしょう。

継母と義理のお姉さんたちがこれでもかとばかりにシンデレラをいじめるからこそ、シンデレラは輝くのです。

「忠臣蔵」もそうです。吉良上野介《きらこうずけのすけ》が憎たらしいほど浅野内匠頭《あさのたくみのかみ》をいじめぬくからこそ、その後の悲劇が引き立ち、誰もが討ち入りに喝采するのです。実際の吉良上野介は領地では名君と慕《した》われたそうですが、映画や芝居では底意地の悪い、賄賂《わいろ》好きの悪人として描かれています。

ですから、吉良上野介を演じる俳優が芸達者で、しっかり浅野内匠頭をいじめてくれないと、「忠臣蔵」は世間知らずの田舎大名の失敗談で終わってしまい、とても日本人の琴《きん》線《せん》に触れる作品にはならないのです。

この二作品に共通しているのは、敵が主人公の強力な引き立て役になっている、ということです。敵が、実はあなたの引き立て役だとすると、世の中の見方が変わってきませんか？

これから「敵」と思える人に出会ったらこう考えてみましょう。

この人は、私の何を引き立ててくれるのだろう？

この人は、私に何を学ばせてくれるのだろう？

「私」を軸に状況を見直してみると、相手を冷静に見ることができ、意外な解決方法が見つかるかもしれません。

自然界では、ある物質に相反する働きを持つものを加えると、その物質の性質や働きが強められる、ということがよくあります。お汁粉に一つまみの塩を入れると、甘みが引き立つのもその一例です。

香水もそうです。「香りは紳士淑女のたしなみ」と言われ、中でもフローラル系の香水は男女を問わず根強い人気を誇っています。特にジャスミンを使った香水はもっとも魅惑的な香りを持つものの一つに数えられています。人気の秘密は、最初の甘い香りの奥から妖艶《ようえん》で濃厚な香りが立ち上ってくる点にあります。

この妖《あや》しい香りはインドールという香り成分のなせる業《わざ》です。実はインドールは「大便臭」のことで、これを一〇〇～一〇〇〇〇倍に希釈すると、妖艶で時にセクシーな香りに変わるのです。

花の香りをさらに引き立てるために、花とは対極の臭いが混ぜられているのです。本来は悪臭である「大便臭」が、希釈されると花の香にもなるというのですから、まさに美醜一元とでも言いましょうか、不思議な世界です。

インドールの他にスカトールという香料もあります。これらを改良した合成香料が、世界の香水メーカーからお洒落《しゃれ》なネーミングでスタイリッシュな容器に入って売られているというわけです。

いかがですか？

自分と違う性質のものを「敵」とみなしてもよいことはありません。自分の良さ・魅力を引き立ててくれる道具立て、自分を磨いてくれる砥石《といし》、と見たらどうでしょう。敵はあなたを「素敵」にしてくれる仕掛人なのです。そのプレッシャーは、あなたを成長させるためのありがたい仕組みだと思いませんか。

カーライル*も言っています。

No pressure, no diamonds

（プレッシャーなければ、ダイヤモンドにならず）

プレッシャーに負けて黒い炭のようになって朽《く》ち果てるか、それともプレッシャーを肥やしにダイヤモンドとなって輝くか。その選択はあなたの手にゆだねられているのです。

＊トマス・カーライル（一七九五〜一八八一年）
十九世紀イギリスの歴史家・評論家・ヴィクトリア朝時代を代表する言論人。

集団が病《や》む理由とは？

人はなぜ集団を作るのでしょうか？

かつて縄文の人たちは、当たり前のようにこう考えていました。

「個々人では対応できない共通の課題に共に取り組み、解決していくためだ」と。

ですから、縄文人から見れば、目的もなくただ群れているだけの集まりは「集団」とはいえないのです。

大多数の学校で「いじめ」が横行しているのは、現代の私たちが作る集団が縄文的な意味での集団とはかけ離れているせいもあるのではないでしょうか？

資格があれば便利だから、あるいは親が言うから、という程度の、目的とも言えない目的しか持たない人々の群れには、「共通の課題に取り組み、解決するために共に戦う仲間」という集団の姿はありません。

それは「共通のターゲットである個人を攻撃するために、ともに群れる仲間」という、いびつな集まりとなり、具体的には「いじめ」となって表れるようになります。

どういうこと？　と思われるかもしれませんね。

では、ちょっと想像してみてください。日本を良くしようという使命感に燃えた青年たちが集まった吉田松陰の松下村塾で、はたして「いじめ」はあったのでしょうか？　調べたわけではありませんが、現代のような陰湿かつ深刻な「いじめ」はなかったのではないでしょうか。

その理由は、松下村塾がすぐれた指導者の下、自分たちが果たすべき役割についてはっきりした自覚を持っていた青年たちの集まりだったからです。「いじめ」にエネルギーを費やしている暇などないのです。

共通の目的や課題を持つ人々の集まりは、その達成に向かってベクトルと化します。「運動体」と言ってもいいでしょう。それが縄文人にとっての「集団」だったのです。

縄文人の集団は、「課題解決型の仲間の集まり」ですので、西洋のようなきっちりした階層やカリスマ的な指導者がいません。大体十人から五十人くらいで集団を形成し、最大でも五百人ほどの集団だったようです。

そういう集団にも、もちろんリーダーはいますが、権力者として他の人々の上に君臨したり、支配したのではありません。もともと平等な人々がフラットな状態で集まり、課題解決のためにその時々にふさわしい人が合議でリーダーに選ばれます。その他の役割も、集まった人々の中から選ばれます。

それが必ずしも「適材適所」というわけでもありません。時には苦手な役が回ってくることもあるでしょう。それでも周囲に助けられながら、何とかお役をこなしてしまうのが、縄文に根差した日本的組織ではよくある話です。

この点は、優秀な能力を持つ少数の指導者が無知な大衆を統治する西洋型の組織と、大きく異なります。


ところで、なぜその道のプロフェッショナルでもないのに、日本人は与えられた役目をそつなくこなせるのでしょうか？　そんな日本人の資質を、私は勝手に「ｉＰＳ細胞」のようだ、と思っています。
・ｉＰＳ細胞は、血液の役割を与えれば血液に、皮膚の役割を与えれば皮膚になります。

けれども細胞は自分から「皮膚になりたい！」と選んだわけではないのです。

でも、与えられた役目をきちんとこなしています。この受動的な役割分担をこなせるのは、細胞自身に初めからどの役割にも耐えうるだけのポテンシャルが備わっていたからではないでしょうか？

細胞の中には、さまざまな能力が、いわばアイドリング状態で待機しており、ひとたび配属が決まると、その役割達成に適した能力が一挙にブーストして

万能細胞のiPS細胞

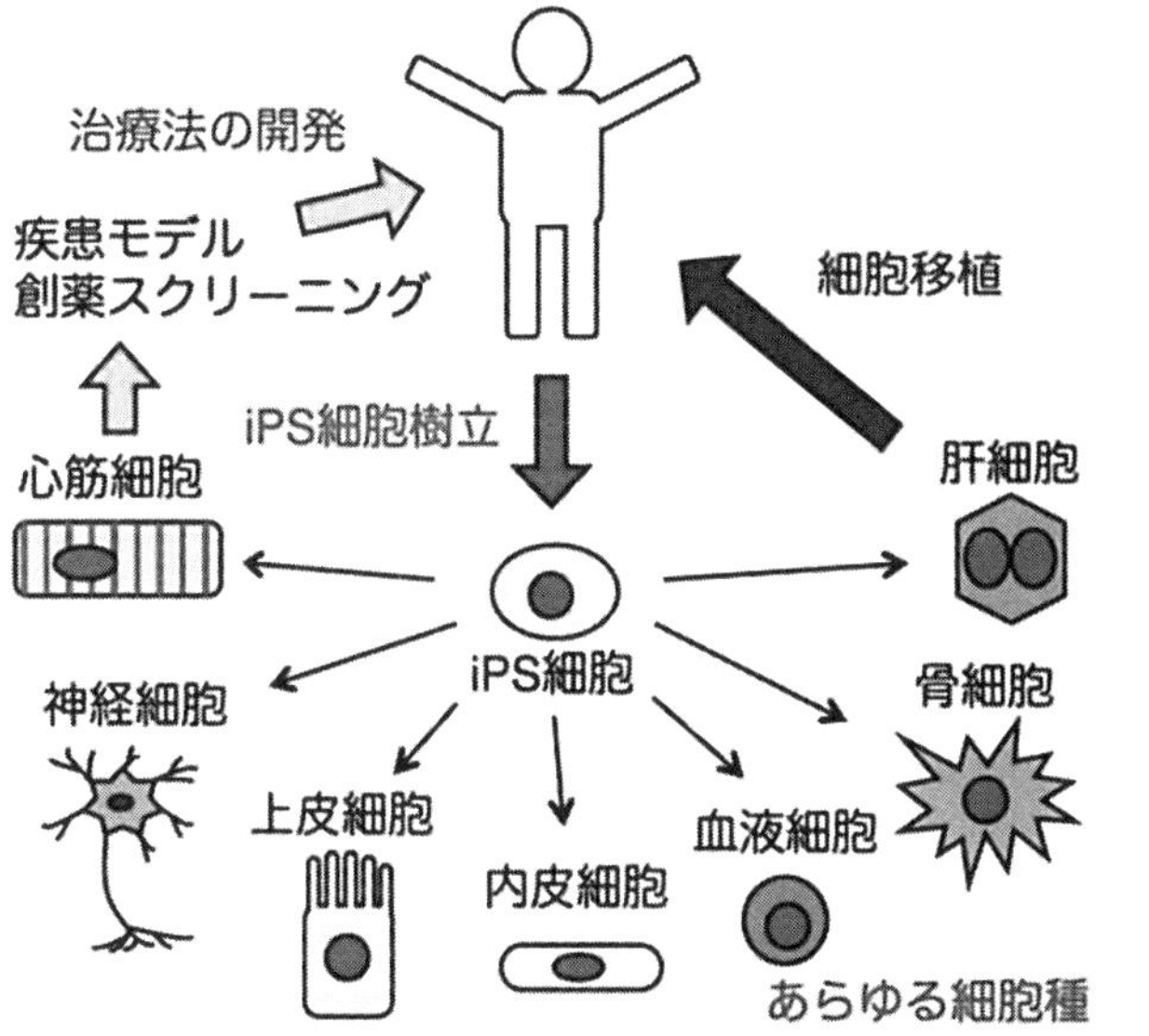

公益財団法人東京都医学総合研究所刊「都医学研NEWS No.021」より

いくのだと思います。

iPS細胞のように、無限の可能性を秘めながら、共通の目的（ここでは「生命活動」）のために与えられた役割に向かって自己を組織化していく――。ここに、争いのない活《い》き活《い》きした「集団」の一つのモデルがあるような気がします。

現在、さまざまな組織で、いじめやパワハラ、モラハラ等々、「〇〇ハラ」が横行しています。そのきっかけは千差万別でも、根本的な理由は、「共通の目的のために共に戦う仲間」という集団本来の在り方が失われてしまったからではないでしょうか？

目的を共有すべき集団が目的を喪失した時、戦うターゲットは集団の外部ではなく、内部に求められていきます。

これが現代社会の「いじめ」や「〇〇ハラ」の淵源《えんげん》です。ですから、組織や規則をいじっても「いじめ」や「〇〇ハラ」が解決することはないでしょう。

まず、個々人が「自分は何をしたいのか？」「何のために学校（会社）に行くのか？」を、とことん自分に問い詰めることから始めなければいけません。

学生時代、人文地理学者の大野盛雄《おおのもりお》さんの『アフガニスタンの農村から——比較文化の視点と方法』（岩波新書）を読んだ時のことです。

詳しい内容は忘れてしまったのですが、とても印象に残っている部分があります。

それは大野さん一行が「稲作の起源」を調査する過程で、アフガニスタンの辺鄙《へんぴ》な農村にやってきた時のことでした。

大野さんが稲作の起源について質問をすると、農民が怪訝《けげん》そうな顔をしてこう言ったのです。

「ツ・パイダ（何のために）？」

別の農村で尋ねても同じでした。やはり「ツ・パイダ」が返ってくるのです。

「何のために？」——たしかに、自分は何のために「稲作の起源」を探しているのだろう、と大野さんは自問します。それは日本では考えたこと

大野盛雄著『アフガニスタンの農村から―比較文化の視点と方法』

もない問題でした。

アフガニスタンの農民にとって、「いつ頃から稲作が始まったか」などという問題は、稲の収穫とまったく関係のない問題で、考えたこともないでしょう。大野さんは「ツ・パイダ」を前に、自分たちの研究が「本当に何のためにしているのだろう?」と考え込んでしまうのでした。

「ツ・パイダ(何のために)?」――この問いは、私にとっても一つの呪縛となりました。

当時の私は目的論的な行動は好きではありませんでしたが、年齢を重ねるに従い、「何のために」という問いに応《こた》えようとする意識が、自分の精神の軸になることに気がつきました。

「何のために?」という問いに答えを出せる行動には、ぶれがないのです。

「何のために?」は不思議な言葉です。自分をむき出しにさせる問いです。

たとえば、誰かをいじめたくなった時、「何のために?」と自問してみてください。その答えを出してみましょう。「何となくむかつくから」では答えになりませんよ(笑)。

少し前の話になりますが、吉《よし》野《の》源《げん》三郎《ざぶろう》さんの『君たちはどう生きるか』がベストセラーになった時期があります。私も中学生の時に読んだ記憶があります。八十年以上前の本が今また注目されているのは、それだけ人々が「何のために？」を見失っており、その答えを懸命に探し求めているからに他なりません。

個人でも集団でも、「何のために？」という問いに明確な答えを出せるところには、「いじめ」や「〇〇ハラ」が生まれる余地はないのではないでしょうか。

そういえば、魚類学者のさかなクンが面白いことを言っていました。

「魚は海だと仲間同士助け合っていくのに、せまい空間の中に入れるといじめが始まりま

吉野源三郎著
『君たちはどう生きるか』

す。いじめる人は住む世界がせまいのですね」

海という大自然の中で生死に関わる時はいじめは起こらず、（餌《えさ》が与えられる）水槽の中でいじめが起こる――。ここに、「いじめ」の原因とそれを解決する何らかのヒントがあるように思うのですが、皆さんはどうお考えになりますか？

「師」はどこに？

古代の中国の帝王学では、君主には、師・幕賓《ばくひん》・争臣《そうしん》という三種類の人材が必要だと考えられていました。

師は、君主に道を示して導く者、今でいえばメンターのような存在です。

幕賓とは、朝廷の外にいて異なった見地から忌憚《きたん》なく意見を言えるアドバイザーや友人のことで、争臣は、正しいと思うことを君主と争ってでも諫言《かんげん》する家臣のことです。

人の上に立つ者に「師」が必要なのは古今東西変わらぬ真実です。ゼロから、時としてマイナスから始めなければいけない経営の場合、人間以外の「師」から学ぶこともあるようです。

人間以外の「師」？

人間を超えた「師」とでも言いましょうか、人に応じてその人の分かるレベルで世の理《ことわり》を示し、そこにヒントや法則をちりばめて「自ら学ばせる師」――その「師」とは、「自然」に他なりません。

それもただ眺めているだけの自然ではなく、農業のように自分がその中に分け入り、その一部となって真剣に関わり合う時の自然です。そんな自然は、苦しい時、切羽つまった時に、必要な教訓やヒントを与えてくれるありがたい「師」なのです。

キリンホールディングス株式会社社長の磯崎功典《いそざきよしのり》氏は、「コストカッター」の異名を取る辣腕《らつわん》経営者です。氏は振り返れば経営に必要なことはミカン畑で自然という「師」から教わったと語っています。

神奈川県小田原市で生まれた磯崎さんは、中三の時兼業農家だった父が脳梗塞で倒れ、ミカン畑

ミカン畑に立つ磯崎氏

を継ぐことになりました。幼い頃から手伝いはしていたものの、自分でするとなると勝手が違います。

周りの農家に一から畑仕事を習い、学業そっちのけで打ち込みました。収穫時にはミカンの重さで20キロを超す箱を担いで段々畑を何度も上り下りすることもあったそうです。

辛い畑仕事が続き、進学を諦《あきら》めかけていたところ、父親が軽い後遺症だけで復帰したので、高三の秋から猛勉強して進学しました。

磯崎さんは言っています。

「畑仕事には想像力が欠かせません。経営がまさにそう。見据えるのは今ではなく、将来です」

磯崎さんが経営者になって分かったことがありました。

それは、畑仕事と経営はよく似ているということ。たとえば「剪定《せんてい》」は枝が将来どんなふうに広がるかを考えないとうまくいきません。庭木でも素人《しろうと》が芽の出る枝を切って枯らしてしまうことはよくあります。今不採算でも将来を見越して切り捨てない事業の選択などは、まさに剪定そのものです。

また、収穫時にどんなふうに実がなるのかが見通せなければ「摘果《てきか》」などできません。「摘果」は、熟す前に不適切な一部の実を摘み取る作業ですから、収穫時をイメージできなければ、大変なことになります。

では、磯崎さんはどんな時に「師」の教えを実践したのでしょうか？

かつてキリンビールは尼崎市の要請を断り切れず、ビール工場の跡地にホテルを建てることになりました。その時経営を任された磯崎さんが、その時率先して行ったのは、客室だけでなくバックヤードもピカピカになるほどの徹底した館内修繕でした。

なぜ磯崎さんは修繕にこだわったのでしょう？

それはまさに、ミカン畑で学んだ「摘果」の考えによるものでした。

キリンビールにとって、本業ではないホテル事業はいずれ足手まといになり、本業の妨《さまた》げになる、だからその時に備えよう、と思ったのでした。

ホテルを売却する時のことを考えれば、客室だけでなくバックヤードもきれいな状態であれば好条件での売却が可能になります。当時そこそこ採算の取れていたホテルを売却するという判断は、実っていてもその実り方が収穫に寄与しない状態であれば、あえて摘み取る「摘果」の考え方を、磯崎さんは経営に応用したからできたのでした。

もし「摘果」という考え方を知らなければ、「まだ多少でも儲かっているのだから」とずるずる事業を引きずって、最終的には会社本体に大きな痛手を与えたかもしれません。

悪くなっている部分や、余計な部分が全体に広がる前に切ってしまう「剪定」の考えも、磯崎さんの経営手法に取り入れられています。

二〇一一年にキリンビールが3000億円を投じて買収したブラジルのビールメーカーは苦戦が続き、二〇一五年度には1140億円の減損損失を出して、キリンHDは上場以来初の最終赤字に陥りました。

危機感を抱いた磯崎氏は、この会社を二〇一七年にハイネケンに770億円で売却を決断します。高い授業料ではありましたが、結果的に会社を揺るがせた問題は解決し、その年の純益は何と過去最高を更新したのです。

父親が病に倒れたことで、自分が担当する羽目になったミカン畑。辛いこともあったでしょうが、磯崎氏はミカン畑を「師」として立派な経営者になったのです。

また、映画にもなった有名な「奇跡のリンゴ」の栽培者木村秋則《きむらあきのり》さんも自然を「師」とされた方です。

有名な話なのでかいつまんで言うと、農薬を使わないリンゴ栽培を目指し、何年も大変な試行錯誤を重ねた木村さんは、子供たちに満足な食事も与えられないほど生活が困《こん》窮《きゅう》し、ある日絶望のあまり自殺しようと、山に入ります。首を吊っても折れない木を探しているうちに、森の奥に迷い込んでしまいました。

すると、そこに一本のリンゴの木があるではありませんか。可憐な白い花を咲かせたリンゴの木の周りの土は柔らかく、いい匂いが漂っています。

木村さんは、農薬がなくてもこんな山の中でリンゴができることに衝撃を受けます。そして、自殺を思いとどまり、ふたたびリンゴ作りに取り掛かる決心をするのでした。

人知れず山奥で実るリンゴの木の根本の土が柔らかいことに気づいた木村さんは、無農薬栽培には「土づくり」が

収穫して半年後も腐らない木村さんのリンゴ

「奇跡のりんご」の栽培に成功した木村秋則さん

大事なのだ！　と閃《ひらめ》きました。

　さっそくそのリンゴの木の周囲の土を持って帰り、土壌の研究を通して無農薬のリンゴ作りにいっそうのめり込むようになり、現在はめったに手に入らない高級リンゴを作るまでになりました。

　木村さんが凄いのは、山の中で無農薬のリンゴの木を発見するまでの十一年間、極貧の生活の中で、「リンゴ栽培に役立つかも」という気持ちで他の果物・野菜・穀物など何種類もの無農薬栽培を成功させていることです。

　今や「名士」となった木村さんは、リンゴ栽培の忙しい合間を縫って「奇跡のリンゴ」に出会うまでの体験やご自身の神秘体験などを織り交ぜた講演会を全国で行っています。


　ところで、人間を「師」とすることと、自然を「師」とすることにはどのような違いがあるのでしょうか？

　劉備玄徳《りゅうびげんとく》が軍師を探すのに大変苦労したように、本当に良い「師」を見つけることは至難の業です。しかし、いったん「わが師」になれば、ある時は厳しく、ある時は優しく、こちらが上達するまで教え導いてくれるでしょう。

一方、自然は見つけるまでもなく、至る所に溢れています。それどころか、私たちは自然にどっぷりと浸かり、その中で生かされています。ですが、あまりにも身近過ぎるがゆえにそこから学ぶのは案外難しいことなのです。

自然を「師」とするほとんどの方は、何らかの目的意識か、解決したい課題を抱えています。「どうしたらよいのだろう……」と日々悩む中で、ふと目にした自然の姿に解決のヒントを見つけるのです。

自然は手取り足取り教えてはくれません。その人の意識が求めた時、雲の切れ目から太陽が一瞬のぞくように、解決のヒントをきらりと光らせてくれるのです。

ということは、こちらが求めなければ自然は「師」になってくれないということではないでしょうか？

宇宙の法則が例外なく行き渡り、営まれている大自然は、いわばそれ自体が人間すべてにとって「師」であるはずです。ただし同じ自然でもそこから学べる人と学べない人がいるということなのです。

自然がえこひいきをしている？（笑）　いえいえ、エゴに曇った目では、自然が惜《お》しげもなく開陳《かいちん》しているヒントや答えが見えないだけなのです。

昔話でも、正直者のおじいさんと意地悪なおじいさんとでは、同じようなことをしても結果が違っていますね。自然に対する向かい方の違いが正反対の結果を生むことを、教訓として教えているのでしょう。

自然は、機械のようにボタンを押したら望むものを出してくれるのではありません。あたかも鏡のように、私たちの心のあり方を一分一厘の狂いなく映し出しているのです。そう考えると、自然から学び、事業を成功させている人は、どこか素直で、謙虚で、心の鏡に自然の理が曇りなく映し出されている人なのでしょう。

人は「自然から学んだ」と言います。

いえいえ、それはもともとあなたの中にあったものなのです。なぜって、あなたも「自然の一部」なのですから。自然対人間のような二元的な対立を捨てて、「自分も自然の一部である」と深く認識し始めた時、私たちは見るもの聞くものすべてに大自然の叡智が宿っていることに気づくでしょう。

そう、自然は惜しみなく「答え」をあなたの目の前に見せてくれているのです。何の見返りも求めずに……。

マナー、サービス、おもてなし

東京オリンピック招致のスピーチで、滝川《たきがわ》クリステルさんが「おもてなし」という言葉を使って以来、サービス業だけでなく、さまざまなビジネスシーンでも「おもてなし」という言葉が聞かれるようになりました。

でも、改めて「おもてなしって何？」と訊かれると、答えに窮《きゅう》する場合が多いのではないでしょうか。

よく使われるマナー、サービス、あるいはホスピタリティという横文字の言葉と「おもてなし」とは、それぞれどのような違いがあるのでしょうか？

「マナー」は英語でmannersですが、元は「手」を表すラテン語のマヌスmanusからきています。マニュアル、マニュファクチャと親戚の言葉ですね。

それに対して「サービス」は英語ではserviceで、「奉仕する・仕える」という意味です。

語源はラテン語のセルヴィタスservitus、意味は「奴隷」という意味です。そこから派生した英語にサーバントservant（召使い）があります。

「奴隷」という語源が表すように、サービスにおいてはサービスを受ける側とサービスを提供する側が明確に分かれています。サービスを受ける側、すなわちお客様が主であり、提供する側は従となっています。また、「サービス」には対価が発生します。

サービスから一歩進んだ「ホスピタリティ」hospitalityは、ラテン語のホスピクスhospics（客の保護）から出てきた言葉で、「この時、この場で、この人だけに」と個別にもてなすことを指します。英語の病院hospital、ホテルhotel、ホスピスhospiceという言葉はここから来ています。

ホスピタリティは、お客や患者に対して思いやりの心をもって個別のサービスを提供するもので、サービスと違い、基本的には対価を求めない自発的行為と言われています。

これに対し、日本の「おもてなし」とは、どういうものを指すのでしょうか？

まず、その語源を見てみましょう。

「もてなす」とは「持って」「成す」こと。意味には諸説あり、「物をもって成し遂げる」

という説と、「もてはやす」「もてあます」のように、「成す」という動詞を強調する接頭辞「もて」がついて「もてなす」になったとする説があります。私は後者のほうがしっくりきます。「もてなす」が何か「物」を駆使するというより、相手が感動するほどの思いやりと気配りをすることで接客を成し遂げる、というニュアンスがあるように思うからです。

よく和風旅館で「ここまでするのか」と感心するほど細やかな心遣いを感ずることがあります。

しかも、これ見よがしではなく、見た目はとても自然で、その努力や気配を微塵《みじん》も感じさせず、主張せず、何気なくされているように見えるのです。客に余計な気遣いをさせないように、という配慮が行き届いているのです。

さりげなく細部まで神経の行き届いた京都の老舗旅館の客室。調度も高級品（行灯は魯山人作）

今挙げた接客の心遣いの違いを図で表すと、下の図のようになります。

なぜ、このような違いが生ずるのでしょうか？

どうも「おもてなし」には他の接客にはない「何か」があるようなのです。その違い、それは客ともてなす側との関係にあります。先にも述べたように、サービスは明らかに主従関係です。ホスピタリティでは相手への敬意が生まれていますが、「おもてなし」に見られるような、もてなす側ともてなされる側との間に生まれる「場の共有意識」は感じられません。

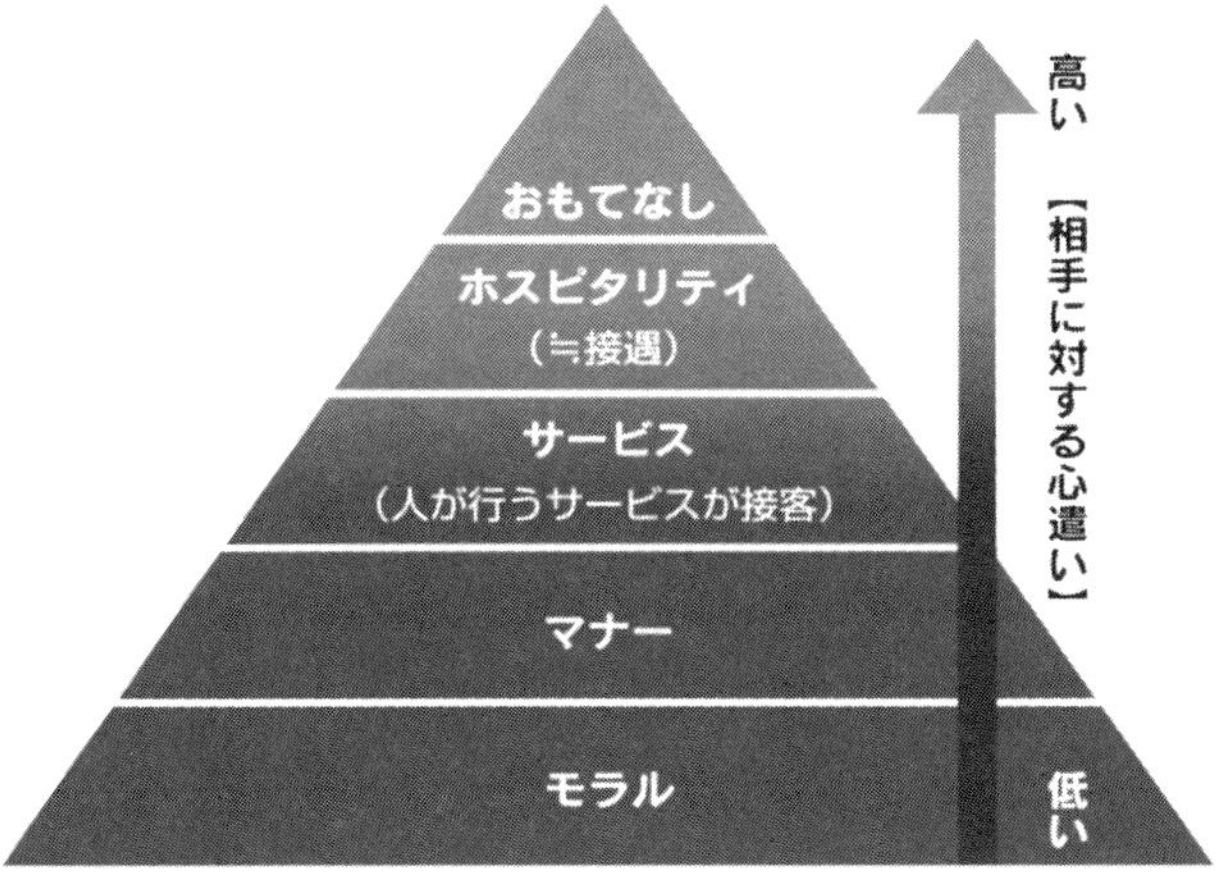

おもてなし道@大学のサイトより（http://www.omotenashi-japan.com）

なぜでしょう？

それは、「おもてなし」には茶道に通じる「主客一体」（「主従一体」ではありません）とでもいうような、磨き抜かれた「共感関係」があるからです。むしろ主人と客の間にそのような関係がなければ、それは単なる「接客」であって、「おもてなし」とはいえないのです。

宿の主人が「お忙しいのにわざわざお出でいただいて、本当にありがとうございます」という気持ちで精いっぱい準備をし、客を迎えます。

客のほうも「私のためにこんなにもいろいろとお気遣いいただき、たいへんありがとうございます」と礼を尽くします。

主人の心配りと表現力（演出力）、その主人の機微を感得するセンスと教養のある客、この両者が一体となって、えも言われぬ「場」が生まれます。

茶道ではそれを「一座建立《いちざこんりゅう》」と言います。鋭い感性と深い教養に支えられた審美眼や物腰の持ち主同士が場を同じくし、ともにお茶を飲み、文物について語り合う――そこにはお互いの心が通い合い、一服のお茶さえもしみじみと心に染み入る、まさに「主客一体」の場が立ち現れるのです。

国宝　織田有楽斎の茶室如庵

茶室では、もてなす主人の心配りを客は受け止め、それを評価できなければなりません。茶器はもちろん、茶菓子や料理の風情、床の間の軸や花活《い》け、さりげなく置かれている小物にも主人の細やかな神経と美意識を読み取り、それを味わい、堪能し、そのような時空を演出した主人への感謝と惜《お》しみない称賛を表す器量が、客に備わっていなければならないのです。

主人も、季節やお招きする客に合わせ、器や部屋のしつらえを考え抜き、真剣に用意します。ここでの主客の関係は、ともに風雅な茶空間を創ろうという者同士の、いわばコラボ関係にあるといえるでしょう。

もてなす、もてなされるという関係を超えて、一生にたった一度のこの出会いの時空を最高のものにしよう、という心で結ばれ合った者同士の出会い――「おもてなし」は、このような出会いの時空のことを言うのです。一朝一夕《いっちょういっせき》でできるものではありません。

今日来てくださるお客様との出会いはまさに「一期一会《いちごいちえ》」。たとえ次に来てくださるかもしれなくても、今この時の接客は二度とありません。「この」お客様が最高にくつろぎ、喜んでいただけるにはどうしたらよいか――。

そんな意識のもとで「おもてなし」はなされていきます。

また、客のほうも「ここまで神経が行き届いているとは！」「なんて細やかな気配りなんだ！」と、もてなしを感じ取り、評価できないといけないのです。

この主客の目に見えないコミュニケーションが生まれる時、私たちは「上質のもてなし」を感じるのです。


「サービス」では、もてなす側ともてなされる側が「主従」という分離関係でしたが、「おもてなし」では「主客」という対等で一体の関係になっています。

さらに言えば、「おもてなし」では客の側に「おもてなし」の内容を理解し、評価できる「素養」が求められているのです。

そこには「お金を払っているのだから」「俺は客だ！」という横柄な態度とは正反対の態度が求められています。

「おもてなし」では、客はただ接客を受けるだけの受け身存在でいることはできません。

なぜなら、もてなす側ともてなされる側のコラボで成り立つ時空を創り上げることが、「真のおもてなし」なのですから。

海外からの旅行者が増えている昨今、「おもてなし」への意識も高まっています。でも、本当の「おもてなし」が成立するためには、接客側の努力だけでなく、お客側の意識の向上、マナーの改善も必要なのです。

それを「面倒」とか、「気取っている」という人もいることでしょう。

でも、私は妥協する気はありません。なぜなら「主客一体」の時空を作り上げるという、対等で知的な「場」を創出することこそ、実は日本文化の基底にある人間関係の在り方なのです。

和歌や俳句でなぜ、連歌や連句というスタイルが生み出されたのか。茶の湯という喫茶でありながら喫茶を超える営《いとな》みが、なぜ今日までも伝わっているのか。

どれも答えは一つ。それが紛《まぎ》れもなく日本人のＤＮＡに染み込んだ、「相手と対等に向き合う」という、人と人との関わり方の原点だからです。

[著者プロフィール]
田尻成美（たじり・しげみ）
神奈川県出身。早稲田大学第一文学部卒業。東京大学大学院総合文化研究科博士課程修了。専門は比較文学・修辞学。短大講師を経て現在はTKKホールディングス㈱、TKKエンジニアリング㈱、TKKエンターテインメント㈱の取締役。
学生時代から得意な語学を活かし、雑誌「現代の眼」「現代思想」「ユリイカ」などに論文や翻訳などを多数寄稿。2017年1月から2022年3月までメルマガ「ヨコハマ流行通信・ヨコハマNOW」にコラム「しあわせの『コツ』」を連載。日常生活の背後にあって、普段は気づかない日本の文化的特徴・伝統の知恵に光を当てたエッセイが好評を博す。三男三女の母として育児のかたわら3冊の絵本を上梓。
主な訳書に『都市革命』（アンリ・ルフェーブル著）『空間と政治』（アンリ・ルフェーブル著、ともに晶文社刊）、『文体論序説』（ミカエル・リファテール著、福井芳男氏ほかと共訳、朝日出版社刊）。絵本として『しあわせの「コツ」』『おかあさんの灯り』『神様がうちにやって来る』（すべて幻冬舎刊）がある。

世界に誇るヤマト民族の叡智　日本人の魂の香り

2023年12月8日　　第1刷発行

著　者　田尻　成美
発行者　唐津　隆
発行所　株式会社ビジネス社
〒162-0805 東京都新宿区矢来町114番地
神楽坂高橋ビル5階
電話 03(5227)1602　FAX 03(5227)1603
https://www.business-sha.co.jp

カバー印刷・本文印刷・製本/半七写真印刷工業株式会社
〈装幀〉中村聡
〈本文デザイン・DTP〉茂呂田剛（エムアンドケイ）
〈営業担当〉山口健志　〈編集担当〉水無瀬尚

ISBN978-4-8284-2579-5

ビジネス社の本

中国侵攻で機能不全に陥る日米安保

西村幸祐　ロバート・D・エルドリッヂ……著

定価1650円（税込）

ISBN978-4-8284-2340-1

米軍基地を自衛隊の管理下におけ！
米国の戦争を仕掛けるディープ・ステート、
動き出す人民解放軍

本書の内容

- ◎中国共産党とディープ・ステートが手を結んでいる！？
- ◎アメリカの生き血をすする軍事産業
- ◎日本が報じない米国左翼の民主党批判
- ◎自衛隊は実戦では「戦えない軍隊」
- ◎宇宙戦争が優位なうちに台湾侵攻を狙う中国
- ◎八〇万人の中国人蜂起に二三万人の自衛隊で大丈夫か
- ◎中国への敵国戦力分析計画を誰が阻止したのか
- ◎憲法九条に反対していた昭和天皇
- ◎一九五二年に沖縄返還を検討していたアメリカ